그래서 이런 말이 생겼대요

고사성어 사자성어 따라쓰기 100

길벗스쿨

왜 고사성어와 사자성어를 배워야 할까요?

고사성어와 사자성어는 단순한 한자어가 아니에요. 짧은 말 속에 지혜와 교훈, 생각을 또렷하게 전하는 힘이 숨어 있답니다. 이 말들을 잘 알면 어떤 상황에서도 자신의 의견을 간단하지만 명확하게 표현할 수 있어요.

고사성어와 사자성어는 뭐가 다를까요?

고사성어는 옛이야기(고사)에서 유래한 말이고, 사자성어는 네 글자로 된 간결한 표현이에요. 예를 들어 '모순(矛盾)'은 고사에서 나온 말이지만 두 글자라서 사자성어는 아니에요. 반면에 '새옹지마(塞翁之馬)'는 이야기에서 유래했을 뿐만 아니라 네 글자이므로 두 범주에 모두 해당된답니다. 이처럼 고사성어와 사자성어는 겹치는 부분이 많아 함께 익히면 더욱 효과적이에요.

짧지만 강한 표현의 힘

'견원지간(犬猿之間)'은 단 네 글자만으로 '사이가 나빠 만나기만 하면 싸우는 관계'를 단번에 설명해줘요. '과유불급(過猶不及)'은 '지나침은 모자람과 같다'는 중요한 교훈을 한마디로 알려 주지요. 이런 말을 몇 개만 제대로 익혀도 어휘력과 문해력이 쑥쑥 자라고, 한자 실력도 함께 커진답니다.

손으로 써 봐야 진짜 내 것이 돼요

하지만 고사성어와 사자성어를 완전히 내 것으로 만들려면 읽기만으로는 부족해요. 손으로 직접 써보며 익히는 과정이 꼭 필요하답니다. 따라 쓰다 보면 단어의 뜻과 쓰임을 더 깊이 이해할 수 있고, 오랫동안 기억할 수 있어요.

그래서 이번에 「그래서 이런 말이 생겼대요」 시리즈 가운데 많은 사랑을 받은 『그래서 이런 고사성어가 생겼대요』와 『그래서 이런 사자성어가 생겼대요』를 따라 쓰기 버전으로 새롭게 엮었어요.

재미있는 만화를 읽고 한 글자씩 차근차근 따라 쓰다 보면, 100가지 고사성어와 사자성어가 저절로 머릿속에 쏙 들어올 거예요. 이 책을 통해 여러분의 어휘력을 키우고, 말의 깊이를 더해 보세요.

이 책의 활용 방법

1 먼저 고사성어와 사자성어를 눈으로 읽어요.

2 만화를 읽으며 각 어휘가 일상생활에서 어떻게 쓰이는지 알아보세요.

3 고사성어와 사자성어를 소리 내어 읽으며 예쁘게 따라 써 보세요.

4 상단에 있는 뜻풀이를 보며 빈칸에 들어갈 알맞은 단어를 찾아보세요. 완성된 뜻풀이를 소리 내어 읽으며 또박또박 따라 써 보세요.

03 새옹지마 塞翁之馬
변방 새 늙은이 옹 어조사 지 말 마
뜻 인생의 길흉화복은 변화가 많아서 예측하기가 어렵다.
만화 읽고 고사성어 배우기
내 인생 작품이 될 것 같아.
와, 잘 그렸다!
조금만 더 그리면…
왈칵
으악! 망했다!
어머, 멋진 수묵화를 그렸구나!
인생은 새옹지마!
그게?
고사성어 읽고 따라 쓰기 소리 내어 읽으며 예쁘게 따라 쓰세요.
새 옹 지 마 塞 翁 之 馬
뜻 채우고 따라 쓰기 소리 내어 읽으며 또박또박 따라 쓰세요.
인 생 의 은 변 화 가 많 아 서 하 기 가 어 렵 다.
12

5 장이 끝날 때마다 나오는 퀴즈를 풀며 배운 어휘를 복습해요.

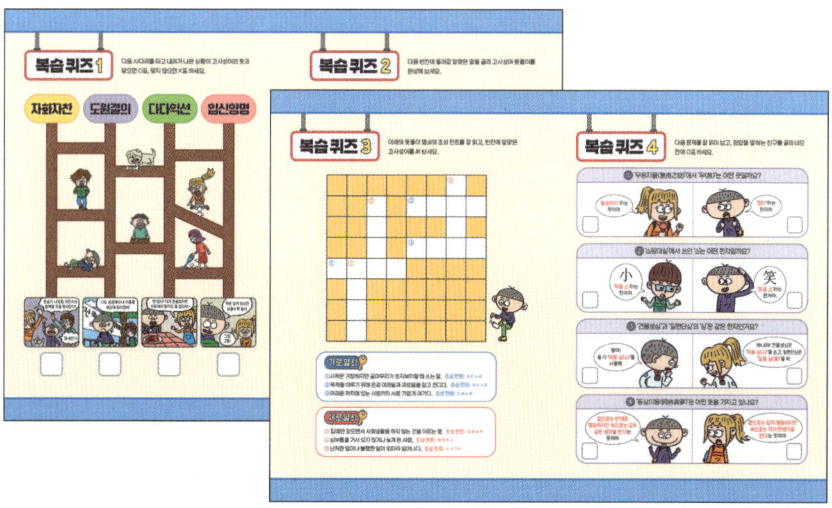
복습 퀴즈 1
복습 퀴즈 2
자화자찬
도원결의
다다익선
입신양명
복습 퀴즈 3
복습 퀴즈 4

차례

1장 고사성어 따라 쓰기

성격과 행동을 나타내는 고사성어

알고 보면 재미있는 고사성어

2장 사자성어 따라 쓰기

의지와 성공을 나타내는 사자성어

마음을 나타내는 사자성어

관계나 상황을 나타내는 사자성어

일상에서 만나는 사자성어

일러두기

- 이 책의 만화는 『그래서 이런 고사성어가 생겼대요』의 만화를 그대로 사용했어요.
- 고사성어의 뜻은 국립국어원 『표준국어대사전』을 주로 참고해 풀이했어요.
- 고사성어를 이루는 각각의 한자에는 여러 가지 뜻이 있어요. 한자의 뜻은 『표준국어대사전』과 「네이버 한자사전」을 주로 참고했으며, 각 고사성어의 유래 이야기는 『그래서 이런 고사성어가 생겼대요』에 자세히 나와 있어요.

1장

고사성어 따라 쓰기

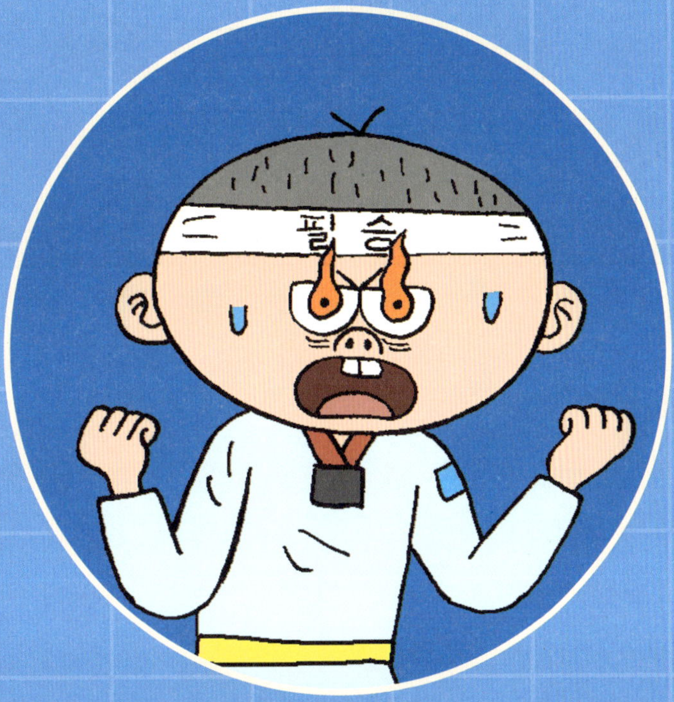

01 소탐대실 小貪大失

작을 소 탐할 탐 큰 대 잃을 실

뜻 작은 것을 탐하다가 큰 것을 잃다.

만화 읽고 고사성어 배우기

어? 돈이다!
오~ 예!
오~ 예!
오~ 예!
이거 내가 흘린 돈인데? 어이쿠! 500원이나 모자라네?
잘못 걸렸다….

고사성어 읽고 따라 쓰기 소리 내어 읽으며 예쁘게 따라 쓰세요.

소	탐	대	실

小	貪	大	失

뜻 채우고 따라 쓰기 소리 내어 읽으며 또박또박 따라 쓰세요.

작	은		것	을					가		큰
것	을				.						

02 대기만성 大器晩成

큰 대 그릇 기 늦을 만 이룰 성

뜻 크게 될 사람은 늦게 이루어진다.

만화 읽고 고사성어 배우기

태권도 승급 심사
태권
또 떨어졌어….
기운 내~
대기만성이라는 말이 있잖아.
노력하고 노력하면 언젠가는 될 거야!
흠….
10년 뒤
20년 뒤
30년 뒤
아, 안 돼!
어휴~

고사성어 읽고 따라 쓰기 소리 내어 읽으며 예쁘게 따라 쓰세요.

대	기	만	성

大	器	晩	成

뜻 채우고 따라 쓰기 소리 내어 읽으며 또박또박 따라 쓰세요.

□□ 될 사람은 □□ 이루어진다.

03 새옹지마 塞翁之馬

변방 새 늙은이 옹 어조사 지 말 마

뜻 인생의 길흉화복은 변화가 많아서 예측하기가 어렵다.

만화 읽고 고사성어 배우기

내 인생 작품이 될 것 같아.
와, 잘 그렸다!
조금만 더 그리면…
왈칵
으악! 망했다!
어머, 멋진 수묵화를 그렸구나!
그죠?
인생은 새옹지마!

고사성어 읽고 따라 쓰기 소리 내어 읽으며 예쁘게 따라 쓰세요.

새	옹	지	마

塞	翁	之	馬

뜻 채우고 따라 쓰기 소리 내어 읽으며 또박또박 따라 쓰세요.

인생의 [ ] 은 변화가 많아서 [ ] 하기가 어렵다.

04 동상이몽 同牀異夢

같을 동 평상 상 다를 이 꿈 몽

뜻 겉으로는 같이 행동하지만 속으로는 각자 딴생각을 하고 있다.

만화 읽고 고사성어 배우기

슬기야, 넌 커서 결혼할 거야?
당연하지!
어떤 사람이랑 결혼할 건데?
동글동글하고 재밌는 사람?
슬기가 설마 나를?
내 사랑 제이 오빠랑 결혼하게 해 주세요!
쟤들 동상이몽 하는 듯한데…

고사성어 읽고 따라 쓰기 소리 내어 읽으며 예쁘게 따라 쓰세요.

동	상	이	몽

同	牀	異	夢

뜻 채우고 따라 쓰기 소리 내어 읽으며 또박또박 따라 쓰세요.

겉으로는 [　][　] 행동하지만 속으로는 각자 [　][　][　]을 하고 있다.

05 견물생심 見物生心

볼 견 만물 물 날 생 마음 심

뜻 어떤 것을 보게 되면 그것을 가지고 싶은 욕심이 생긴다.

만화 읽고 고사성어 배우기

엄마가 휴대폰 새로 사 줬지롱!
전에 쓰던 건 너무 낡았다고~
부럽다!
며칠 뒤
혁신 기능!!
나 왔다
접혀폰 2
초신상
오옷! 최신 폰!
아~ 저걸로 사 달라고 할걸. 갖고 싶다~
견물생심! 며칠 전만 해도 네 휴대폰 자랑했잖아.

고사성어 읽고 따라 쓰기 소리 내어 읽으며 예쁘게 따라 쓰세요.

견	물	생	심

見	物	生	心

뜻 채우고 따라 쓰기 소리 내어 읽으며 또박또박 따라 쓰세요.

어	떤		것	을		☐	☐		되	면	
그	것	을		가	지	고		싶	은		☐
☐	이		생	긴	다	.					

06 역지사지 易地思之

바꿀 역 땅 지 생각 사 갈 지

뜻 상대방과 처지를 바꿔 생각하여, 상대방을 헤아리고 이해하다.

만화 읽고 고사성어 배우기

넌 좋겠다. 학교도 안 가고….
좋아! 소원을 들어주지!
앗! 몸이 바뀌었네?
뾰
롱
역지사지를 해 보라고!
뼈다귀 싫어~
엄마! 밥 더 주세요~
이런 역지사지는 싫어. 힝~
??

고사성어 읽고 따라 쓰기 소리 내어 읽으며 예쁘게 따라 쓰세요.

역	지	사	지	易	地	思	之

뜻 채우고 따라 쓰기 소리 내어 읽으며 또박또박 따라 쓰세요.

상	대	방	과				를		바	꿔	
생	각	하	여	,	상	대	방	을		헤	아
리	고				하	다	.				

07 과유불급 過猶不及

지나칠 과 오히려 유 아닐 불 미칠 급

뜻 너무 과하거나 모자라지 않은, 적당한 정도가 좋다.

만화 읽고 고사성어 배우기

으으, 너무 추워! 보일러 틀어야겠어.
동감, 동감!
30분 뒤
이제 좀 괜찮네. 온도를 더 올리자.
그래, 얼른 숙제하자.
1시간 뒤
아니, 집이 왜 이렇게 더워?
엄마, 너무 더워요. 아이스크림 없어요?
과유불급! 온도를 이렇게 높여 놓고 아이스크림?

고사성어 읽고 따라 쓰기 소리 내어 읽으며 예쁘게 따라 쓰세요.

과 유 불 급 過 猶 不 及

뜻 채우고 따라 쓰기 소리 내어 읽으며 또박또박 따라 쓰세요.

너 무 ＿＿＿＿ 모 자 라 지
않 은 , ＿＿＿ 정 도 가 ＿ 좋
다 .

08 모순 矛盾

창 모 방패 순

뜻 앞뒤가 서로 맞지 않는 말이나 행동.

만화 읽고 고사성어 배우기

어떤 지우개로도 지울 수 없는 연필이야.
그리고…
뒤적
이건 무엇이든 지울 수 있는 지우개야.
그럼 그 연필로 쓴 걸 그 지우개로 지우면 어떻게 돼?

고사성어 읽고 따라 쓰기 소리 내어 읽으며 예쁘게 따라 쓰세요.

모 순 矛 盾 모 순 矛 盾

뜻 채우고 따라 쓰기 소리 내어 읽으며 또박또박 따라 쓰세요.

□□가 서로 맞지 않는 말이나 □□.

09 시시비비 是是非非

옳을 시 옳을 시 아닐 비 아닐 비

뜻 옳고 그름을 분명하게 따지다.

만화 읽고 고사성어 배우기

두 번 했잖아!
한 번 했거든!
너희들 왜 싸워? 누나가 시시비비를 가려 주지!
거짓말 마!
거짓말 아니거든!
다슬기, 다슬기 했잖아!
아주 작게 다슬기 한 번 했다고!
지금 내 별명 갖고 싸우냐?
오늘 시시비비의 끝을 보자!
콰광
꺄악!

고사성어 읽고 따라 쓰기 소리 내어 읽으며 예쁘게 따라 쓰세요.

시	시	비	비	是	是	非	非

뜻 채우고 따라 쓰기 소리 내어 읽으며 또박또박 따라 쓰세요.

					을		분	명	하	게	
따	지	다	.								

10 오십보백보 五十步百步

다섯 오 열 십 걸음 보 일백 백 걸음 보

뜻 조금 낫고 못한 정도의 차이는 있지만 본질적으로는 차이가 없다.

만화 읽고 고사성어 배우기

엉뚱아~
힘 좀 써라~
얍~
통
찬수야~
밥 안 먹었어?
얍~
틱
금이 많이 갔는걸?
내 금이 더 길어!
둘 다 오십보백보거든!
퍽
역시 슬기!

고사성어 읽고 따라 쓰기 소리 내어 읽으며 예쁘게 따라 쓰세요.

오	십	보	백	보
五	十	步	百	步

뜻 채우고 따라 쓰기 소리 내어 읽으며 또박또박 따라 쓰세요.

조	금		낫	고		못	한				의
차	이	는		있	지	만					으
로	는		차	이	가		없	다	.		

11 설상가상 雪上加霜

눈 설 위 상 더할 가 서리 상

뜻 난처한 일이나 불행한 일이 잇따라 일어나다.

만화 읽고 고사성어 배우기

눈이 왜 그래?
어제 학원 안 가고 엄마 몰래 야구하다가 공에 맞았어.
저런~ 아팠겠다!
오늘은 몰래 축구하러 가야지.
다음 날
눈이 왜 또 그래?
축구공에 맞아서….
긁적
휘잉~
그럼 혹은?
설상가상으로 엄마한테 들켰어.

고사성어 읽고 따라 쓰기 소리 내어 읽으며 예쁘게 따라 쓰세요.

설	상	가	상

雪	上	加	霜

뜻 채우고 따라 쓰기 소리 내어 읽으며 또박또박 따라 쓰세요.

□□한 일이나 □□한 일이 잇따라 일어나다.

12 동병상련 同病相憐

같을 동 병 병 서로 상 불쌍히 여길 련

뜻 어려운 처지에 있는 사람끼리 서로 가엾게 여기다.

만화 읽고 고사성어 배우기

찬수야,
팔 다쳤어?
혹시
나영이의 꼬집기
공격에 당했니?
그럼 너도?
응, 일주일
전에….
너무 아파!
으앙~
그래, 알아.
실컷 울어~
동병상련이
따로 없군.

고사성어 읽고 따라 쓰기 소리 내어 읽으며 예쁘게 따라 쓰세요.

동 병 상 련 同 病 相 憐

뜻 채우고 따라 쓰기 소리 내어 읽으며 또박또박 따라 쓰세요.

어려운 ☐☐에 있는 사람끼리 서로 ☐☐☐ 여기다.

13 백문불여일견 百聞不如一見

일백 **백** 들을 **문** 아닐 **불** 같을 **여** 한 **일** 볼 **견**

뜻 백 번 듣는 것이 한 번 보는 것만 못하다.

만화 읽고 고사성어 배우기

그렇게 멋진 애는 처음 봤어.
누군데?
백문불여일견! 조금 있으면 나올 거야!
학원
재야!
!!

고사성어 읽고 따라 쓰기 소리 내어 읽으며 예쁘게 따라 쓰세요.

백	문	불	여	일	견
百	聞	不	如	一	見

뜻 채우고 따라 쓰기 소리 내어 읽으며 또박또박 따라 쓰세요.

백 번 ☐☐ 것이 한 번 ☐☐ 것만 못하다.

14 어부지리 漁夫之利

고기잡을 **어** 남편 **부** 갈 **지** 이로울 **리**

뜻 두 사람이 싸우는 사이에 엉뚱한 사람이 애쓰지 않고 이익을 얻는다.

만화 읽고 고사성어 배우기

1등은 내 차지야!
흥, 어림없다!
우 다 다 다
투 다 다
너희 둘 다 실격!
우승

고사성어 읽고 따라 쓰기 소리 내어 읽으며 예쁘게 따라 쓰세요.

어	부	지	리

漁	夫	之	利

뜻 채우고 따라 쓰기 소리 내어 읽으며 또박또박 따라 쓰세요.

두 사람이 싸우는 사이에 ______ 사람이 애쓰지 않고 ______을 얻는다.

15 개과천선 改過遷善

고칠 개　잘못 과　옮길 천　착할 선

뜻 지난날의 잘못을 뉘우치고 올바르고 착한 사람으로 변하다.

만화 읽고 고사성어 배우기

이번에 새로 나온 게임 재밌지?
나 게임 끊었어. 개과천선했다고.
읍
네가? 진짜로?
그러니까 이제 나 꼬시지 마!
며칠 뒤
문구점
엉뚱이 넌 게임 끊었다면서?
으으~~
비켜, 비켜 봐! 내가 해 볼래!
뿅 뿅 뿅
뿅 뿅 뿅
개과천선은 무슨~

고사성어 읽고 따라 쓰기 소리 내어 읽으며 예쁘게 따라 쓰세요.

개	과	천	선

改	過	遷	善

뜻 채우고 따라 쓰기 소리 내어 읽으며 또박또박 따라 쓰세요.

지난날의 잘못을 ☐☐☐☐ 올바르고 착한 사람으로 ☐☐☐.

16 일편단심 一片丹心

한 일 조각 편 붉을 단 마음 심

뜻 진심에서 우러나오는 변치 않는 마음.

만화 읽고 고사성어 배우기

빰 빰
우리 제이 오빠 정말 멋있어!
그렇게 좋아?
일편단심으로 영원히 좋아할 거야!
일주일 뒤
꺄~ 태오 오빠!
어휴~ 일편단심은 무슨….
둥 칫♪ 둥 칫♪
꺄~ 꺄~

고사성어 읽고 따라 쓰기 소리 내어 읽으며 예쁘게 따라 쓰세요.

일	편	단	심

一	片	丹	心

뜻 채우고 따라 쓰기 소리 내어 읽으며 또박또박 따라 쓰세요.

진 심 에 서 ☐☐☐☐ 는 변
치 않 는 ☐☐ .

17 결초보은 結草報恩

맺을 결 풀 초 갚을 보 은혜 은

뜻 죽은 뒤에라도 은혜를 잊지 않고 갚다.

만화 읽고 고사성어 배우기

어떡해! 김밥을 놓고 왔어.
뒤적 뒤적
같이 먹자. 김밥 많이 싸 왔어.
고마워! 결초보은할게.
맛있겠당~
꺄악! 벌이다!
앵
결초보은 한다며!
앵
앵

고사성어 읽고 따라 쓰기 소리 내어 읽으며 예쁘게 따라 쓰세요.

결	초	보	은	結	草	報	恩

뜻 채우고 따라 쓰기 소리 내어 읽으며 또박또박 따라 쓰세요.

죽	은		뒤	에	라	도				를	
잊	지		않	고				.			

18 도원결의 桃園結義

복숭아나무 도 동산 원 맺을 결 옳을 의

뜻 뜻이 같은 사람들끼리 한 가지 목표를 위해 함께하다.

만화 읽고 고사성어 배우기

정말 끝까지 같이할 수 있겠어?
응!
그럼!
자, 그럼 도원결의하자.
윤슬기, 나엉뚱, 이찬수는 함께할 것을 맹세한다!
맹세한다!
잠시 후
여기서 포기하는 거야?
콧구멍에서 짜장면 나올 것 같아~
윽, 더는 못 먹어!

고사성어 읽고 따라 쓰기 소리 내어 읽으며 예쁘게 따라 쓰세요.

도	원	결	의	桃	園	結	義

뜻 채우고 따라 쓰기 소리 내어 읽으며 또박또박 따라 쓰세요.

뜻	이					사	람	들	끼	리	
한		가	지				를		위	해	
함	께	하	다	.							

19 삼고초려 三顧草廬

석 삼 돌아볼 고 풀 초 오두막 려

뜻 인재를 맞아들이기 위해 참을성 있게 노력하다.

만화 읽고 고사성어 배우기

그림 모델이 되어 줘. 부탁해~
안 된다니까!
벌써 며칠째냐? 그냥 해 줘.
어떻게 하냐? 싫어.
일주일 뒤
내가 졌다. 모델 해 줄게.
정말? 고마워!
삼고초려 끝에 드디어!
움직이지 마!
으윽! 내가 왜 하겠다고 했을까~

고사성어 읽고 따라 쓰기

소리 내어 읽으며 예쁘게 따라 쓰세요.

삼	고	초	려

三	顧	草	廬

뜻 채우고 따라 쓰기

소리 내어 읽으며 또박또박 따라 쓰세요.

(　　)를 맞아들이기 위해 (　　　) 있게 노력하다.

20 형설지공 螢雪之功

반딧불이 형 눈 설 갈 지 공 공

뜻 고생 속에서도 부지런히 꿋꿋하게 공부하는 자세.

만화 읽고 고사성어 배우기

형설지공이라는 말 알아? 옛날에 반딧불과 눈의 빛으로 공부했대. 나도 열심히 해야지.
슬기를 도와줘야겠다.
슬기야, 형설지공을 꼭 해야겠니?
당연하지! 그런데 뒷산엔 왜 갔어?
반딧불이 잡으러 왔어. 그런데 한 마리도 안 보이네?
어휴~ 당장 돌아왓!

고사성어 읽고 따라 쓰기

소리 내어 읽으며 예쁘게 따라 쓰세요.

형	설	지	공	螢	雪	之	功

뜻 채우고 따라 쓰기

소리 내어 읽으며 또박또박 따라 쓰세요.

			속	에	서	도		부	지	런	히
꿋	꿋	하	게				하	는		자	세.

21 입신양명 立身揚名

설 입 / 몸 신 / 날릴 양 / 이름 명

뜻 출세하여 이름을 세상에 떨치다.

만화 읽고 고사성어 배우기

전국태권도대회 우승
김철수
우아~ 철수 대단하다!
뜨헉!
두고 봐! 나도 입신양명하겠어.
뭐?
전국
우승
유명해지고 말 거라고!
네가?
나영뚱 바보 뚱개
으악! 누구 짓이야?
엉뚱아, 너 벌써 유명해졌네?

고사성어 읽고 따라 쓰기 소리 내어 읽으며 예쁘게 따라 쓰세요.

입	신	양	명

立	身	揚	名

뜻 채우고 따라 쓰기 소리 내어 읽으며 또박또박 따라 쓰세요.

		하	여		이	름	을				
떨	치	다	.								

22 우공이산 愚公移山

어리석을 우 귀 공 옮길 이 메 산

뜻 어떤 일이든 끊임없이 노력하면 반드시 이루어진다.

만화 읽고 고사성어 배우기

이것 좀 봐.
이 숲이 본래
사막이었대.
그건
불가능해!
가능해.
우공이산이라는
말도 있잖아?
열심히 하면
기적이
일어나는구나!
그럼…
너 뭐 해?
계속 이러고 있으면
책 속 지식이 다 내 머리로
들어오겠지?
?????

고사성어 읽고 따라 쓰기 소리 내어 읽으며 예쁘게 따라 쓰세요.

우 공 이 산 愚 公 移 山

뜻 채우고 따라 쓰기 소리 내어 읽으며 또박또박 따라 쓰세요.

어 떤 일 이 든 ☐☐ 없 이
노 력 하 면 반 드 시 ☐☐☐
진 다 .

23 난공불락 難攻不落

어려울 난 칠 공 아닐 불 떨어질 락

뜻 공격하기 어려워 쉽게 함락되지 않는다.

만화 읽고 고사성어 배우기

엄마, 저 컴퓨터 게임 한 시간만 하면 안 돼요?
안 돼!
제가 청소도 할게요!
안 돼!
설거지도 제가 할게요!
그래도 안 돼!
엄마는 정말 난공불락이야.

고사성어 읽고 따라 쓰기 소리 내어 읽으며 예쁘게 따라 쓰세요.

난	공	불	락	難	攻	不	落

뜻 채우고 따라 쓰기 소리 내어 읽으며 또박또박 따라 쓰세요.

공	격	하	기						쉽	게	
		되	지		않	는	다	.			

24 배수진 背水陣

등**배** 물**수** 진칠**진**

뜻 어떤 일을 이루기 위하여 더는 물러설 수 없음을 이르는 말.

만화 읽고 고사성어 배우기

슬기야, 이번엔 기필코 컴퓨터 시험에 합격하고 말 거야. 밤샘 공부닷!
내가 이따 전화해서 깨워 줄까?
벌써 배수진을 쳐 놨지!
내가 조는 순간, 내 목에서 천장으로 연결된 줄이 당겨지지. 그러면 천장에 설치된 양동이의 물이 쏟아지게 되어 있다구!
오!
다음 날
새벽에 물벼락 맞아서 감기 걸렸어. 컴퓨터 시험 못 봐.
잉~
어이구~

고사성어 읽고 따라 쓰기 소리 내어 읽으며 예쁘게 따라 쓰세요.

배	수	진

背	水	陣

뜻 채우고 따라 쓰기 소리 내어 읽으며 또박또박 따라 쓰세요.

어	떤		일	을						위	하
여		더	는						수		없
음	을		이	르	는		말	.			

25 와신상담 臥薪嘗膽

누울 와 땔나무 신 맛볼 상 쓸개 담

뜻 목적을 이루기 위해 온갖 어려움과 괴로움을 참고 견디다.

만화 읽고 고사성어 배우기

승!
이 원수는 반드시 갚으리!
필승
얍!
왜 저래?
한 달 뒤
와신상담하며 이날만을 기다렸다! 이철수, 오늘 뜨거운 맛을 보여 주마!
필승
철수 전학 갔다. 멀~~~리.
필승
네엣?!

고사성어 읽고 따라 쓰기 소리 내어 읽으며 예쁘게 따라 쓰세요.

와	신	상	담	臥	薪	嘗	膽

뜻 채우고 따라 쓰기 소리 내어 읽으며 또박또박 따라 쓰세요.

		을		이	루	기		위	해		온
갖					과		괴	로	움	을	
참	고		견	디	다	.					

26 외유내강 外柔內剛

바깥 외 부드러울 유 안 내 굳셀 강

뜻 겉으로는 부드럽고 순하게 보이지만 속은 곧고 굳세다.

만화 읽고 고사성어 배우기

꺄
아아악
뭐 이런 거에 놀라?
울지 마. 언니가 도와줄게.
착하네….
야! 너희 무슨 짓이야!
슬기는 완전 외유내강이구나!

고사성어 읽고 따라 쓰기 소리 내어 읽으며 예쁘게 따라 쓰세요.

외	유	내	강	外	柔	內	剛

뜻 채우고 따라 쓰기 소리 내어 읽으며 또박또박 따라 쓰세요.

겉	으	로	는							순	하
게		보	이	지	만		속	은		곧	고
		다	.								

27 자화자찬 自畫自讚

스스로 자 그림 화 스스로 자 칭찬할 찬

뜻 자기가 한 일을 스스로 자랑하다.

만화 읽고 고사성어 배우기

짜잔~
내 역작이야.
오!
맛있지? 내가 이것도 넣고,
저것도 넣고~ 어쩌고저쩌고~
쩝
쩝
그렇게 자화자찬하더니
인스턴트 떡볶이잖아?
어쩐지~
으
쓱

고사성어 읽고 따라 쓰기 소리 내어 읽으며 예쁘게 따라 쓰세요.

자	화	자	찬	自	畫	自	讚

뜻 채우고 따라 쓰기 소리 내어 읽으며 또박또박 따라 쓰세요.

		가		한		일	을				
자	랑	하	다	.							

28 인면수심 人面獸心

사람 인 낯 면 짐승 수 마음 심

뜻 마음이나 행동이 몹시 흉악하다.

만화 읽고 고사성어 배우기

한편, 엄마는 다섯 살 아이를 제대로 돌보지 않아…
아빠는 아이를 때리고…
아니, 어린애를 왜 때려?
부들
경찰은 이 부부를 긴급히 체포하고…
부들
부들
부부는 혐의를 완강히 부인했지만, 경찰에서는…
인면수심 부부 같으니라고!

고사성어 읽고 따라 쓰기 소리 내어 읽으며 예쁘게 따라 쓰세요.

인	면	수	심

人	面	獸	心

뜻 채우고 따라 쓰기 소리 내어 읽으며 또박또박 따라 쓰세요.

		이	나		행	동	이		몹	시	
		하	다	.							

29 표리부동 表裏不同

겉 **표** 속 **리** 아닐 **부** 같을 **동**

뜻 겉으로 드러나는 언행과 속으로 하는 생각이 다르다.

만화 읽고 고사성어 배우기

슬기야, 넌 아주 좋은 아이 같아.
그, 그래? 좋게 봐 줘서 고마워!
슬기야, 집에 같이 가자!
그래, 좋아!
슬기 있잖니, 얼마나 잘난 척이 심한 줄 알아? 은근 재수 없어.
어머, 그래?
넌 진짜 표리부동 그 자체다!
끄응~

고사성어 읽고 따라 쓰기 소리 내어 읽으며 예쁘게 따라 쓰세요.

표 리 부 동 表 裏 不 同

뜻 채우고 따라 쓰기 소리 내어 읽으며 또박또박 따라 쓰세요.

☐☐☐ 드러나는 언행과
☐☐☐ 하는 생각이 다르다.

30 안하무인 眼下無人

눈 안 아래 하 없을 무 사람 인

뜻 방자하고 교만하여 다른 사람을 업신여기다.

만화 읽고 고사성어 배우기

아얏! 이게 무슨 짓이야?
퍽!
내 앞을 막았잖아. 미리 비켰어야지!
너무 버릇없네. 어서 형한테 사과해.
조심해, 슬기야!
저런 안하무인 같으니라고!
흥

고사성어 읽고 따라 쓰기 소리 내어 읽으며 예쁘게 따라 쓰세요.

안	하	무	인

眼	下	無	人

뜻 채우고 따라 쓰기 소리 내어 읽으며 또박또박 따라 쓰세요.

☐☐하고 ☐☐하여 다른 사람을 업신여기다.

31 환골탈태 換骨奪胎

바꿀 환 뼈 골 빼앗을 탈 태 태

뜻 사람이 더 좋은 쪽으로 변하여 전혀 딴사람이 되다.

만화 읽고 고사성어 배우기

당신은 누구세요?
나야, 엉뚱이! 갑자기 키가 쑥 크고 살이 빠졌어.
너 정말 환골탈태했구나!
엉뚱아, 나랑 사귀어 줘!
글쎄? 슬기 네가 정 원한다면 한번 생각해 볼 수는 있지. 후훗~
쟤가 자는데 왜 내 기분이 나빠지지?

고사성어 읽고 따라 쓰기 소리 내어 읽으며 예쁘게 따라 쓰세요.

환	골	탈	태	換	骨	奪	胎

뜻 채우고 따라 쓰기 소리 내어 읽으며 또박또박 따라 쓰세요.

사람이 더 ☐☐ 쪽으로
변하여 전혀 ☐☐☐이
되다.

32 배은망덕 背恩忘德

배반할 **배** 은혜 **은** 잊을 **망** 덕 **덕**

뜻 어려울 때 받은 도움을 잊고 오히려 큰 잘못을 저지르다.

만화 읽고 고사성어 배우기

내가 너를 살려 주었거늘, 감히 나를 배신하느냐?
진짜 배은망덕한 놈이네.
정말 그렇게 생각하니?
당연하죠. 받은 은혜가 있는데 저러면 안 되죠.
그렇다면 좀 일어나 볼래?
어머니! 이 배은망덕을 용서하시옵소서!
어이구!

고사성어 읽고 따라 쓰기 소리 내어 읽으며 예쁘게 따라 쓰세요.

배	은	망	덕	背	恩	忘	德

뜻 채우고 따라 쓰기 소리 내어 읽으며 또박또박 따라 쓰세요.

				때		받	은		도	움	을
잊	고		오	히	려		큰				을
저	지	르	다	.							

33 수수방관 袖手傍觀

소매수 손수 곁방 볼관

뜻 간섭하거나 거들지 않고 그대로 버려두다.

만화 읽고 고사성어 배우기

뭐 해?
복도에서 뛰다가 벌받는 중이야. 도서관 책 정리!
도와줘? 말아?
내가 도와줄게.
어, 괜찮은데….
친구가 힘든데 어떻게 수수방관하니?
슬기야~~!

고사성어 읽고 따라 쓰기 소리 내어 읽으며 예쁘게 따라 쓰세요.

수	수	방	관

袖	手	傍	觀

뜻 채우고 따라 쓰기 소리 내어 읽으며 또박또박 따라 쓰세요.

☐☐하거나 거들지 않고
☐☐☐ 버려두다.

34 감언이설 甘言利說

달 감 말씀 언 이로울 이 말씀 설

뜻 남의 비위를 맞추거나 이로운 조건을 내세워 꾀는 말.

만화 읽고 고사성어 배우기

슬기야, 너 오늘따라 더 멋있어 보인다.
넌 태권도도 잘하고, 노래도 잘하고….
아침부터 내내 감언이설이네. 왜 그래?
게임하다 엄마한테 휴대폰 압수당했어.
내 폰 빌려달라는 거지?
안 돼. 게임하다 걸렸다며?
흑! 감언이설이 안 통하네.

고사성어 읽고 따라 쓰기 소리 내어 읽으며 예쁘게 따라 쓰세요.

감	언	이	설

甘	言	利	說

뜻 채우고 따라 쓰기 소리 내어 읽으며 또박또박 따라 쓰세요.

남	의				를		맞	추	거	나	
이	로	운		조	건	을		내	세	워	
			말	.							

35 적반하장 賊反荷杖

도둑 적 돌이킬 반 멜 하 몽둥이 장

뜻 잘못한 사람이 아무 잘못도 없는 사람을 나무라다.

만화 읽고 고사성어 배우기

어푸어푸~ 살려 줘!
기다려!
헉
헉
헉
너희 괜찮아?
근데 물안경이 어딨지? 찬수 너 때문에 잃어버렸잖아!
적반하장이네!

고사성어 읽고 따라 쓰기 소리 내어 읽으며 예쁘게 따라 쓰세요.

적	반	하	장	賊	反	荷	杖

뜻 채우고 따라 쓰기 소리 내어 읽으며 또박또박 따라 쓰세요.

				사	람	이		아	무		잘
못	도		없	는		사	람	을			
		.									

36 토사구팽 兎死狗烹

토끼 토 죽을 사 개 구 삶을 팽

뜻 필요할 때는 쓰고 필요 없을 때는 야박하게 버리다.

만화 읽고 고사성어 배우기

우리 회장 최고!
진짜!
회장 없었으면 어쩔 뻔?
맞아!
떠든사람
김지혜
최
고자질하는 거야? 그럴 거면 회장 그만둬!
우우~
토사구팽이잖아?
너무해!

고사성어 읽고 따라 쓰기 소리 내어 읽으며 예쁘게 따라 쓰세요.

토	사	구	팽

兎	死	狗	烹

뜻 채우고 따라 쓰기 소리 내어 읽으며 또박또박 따라 쓰세요.

필요할 때는 ☐☐ 필요 없을 때는 야박하게 ☐ ☐☐.

37 두문불출 杜門不出

막을 두 문 문 아닐 불 날 출

뜻 집에만 있으면서 사회생활을 하지 않는 것을 이르는 말.

만화 읽고 고사성어 배우기

오늘도 못 나와? 혹시 어디 아파?
아니~ 그럴 일이 있어.
이틀이나 두문불출이네!
이상하다. 집에 가 볼까?
엉뚱아! 우리 왔어~
벌에 쏘여서 눈이 밤탱이가 됐어.

고사성어 읽고 따라 쓰기 소리 내어 읽으며 예쁘게 따라 쓰세요.

두 문 불 출 杜 門 不 出

뜻 채우고 따라 쓰기 소리 내어 읽으며 또박또박 따라 쓰세요.

에만 있으면서

을 하지 않는 것을

이르는 말.

38 감탄고토 甘呑苦吐

달감 삼킬탄 쓸고 뱉을토

뜻 달면 삼키고 쓰면 뱉는다.

만화 읽고 고사성어 배우기

엉뚱아, 이거 먹어.
고마워!
엉뚱아, 나랑 떡볶이 먹으러 가자!
그… 그래!
네가 우리 반 1등이라며?
누가 그래? 1등은 슬기인데?
나 공부 좀…
어이없는 착각을 했군.
휙
감탄고토라더니….

고사성어 읽고 따라 쓰기 소리 내어 읽으며 예쁘게 따라 쓰세요.

감	탄	고	토

甘	呑	苦	吐

뜻 채우고 따라 쓰기 소리 내어 읽으며 또박또박 따라 쓰세요.

			삼	키	고					뱉	는
다	.										

39 다다익선 多多益善

많을 다 많을 다 더할 익 착할 선

뜻 많으면 많을수록 더욱 좋다.

만화 읽고 고사성어 배우기

그 책 좋아 보이는데? 나 좀 빌려줘.
그래! 그런데 그 책들은 다 뭐니?
다른 애들한테도 빌렸어.
다다익선! 책은 많을수록 좋아.
그럼, 그럼~
쉬는 시간
쿠우우~
헉!

고사성어 읽고 따라 쓰기 소리 내어 읽으며 예쁘게 따라 쓰세요.

다	다	익	선

多	多	益	善

뜻 채우고 따라 쓰기 소리 내어 읽으며 또박또박 따라 쓰세요.

많으면 ☐☐☐☐ 더욱 좋다.

40 화룡점정 畫龍點睛

그림 **화** 용 **룡** 점찍을 **점** 눈동자 **정**

뜻 무슨 일을 하는 데에 가장 중요한 부분을 완성하다.

만화 읽고 고사성어 배우기

후후~ 내가 바로 피카소다!
완성했어?
기대하시라~
음~ 왠지 조금 밋밋한데?
아, 맞다!
화룡점정! 네 주근깨를 빼먹었지 뭐야!
부들
부들

고사성어 읽고 따라 쓰기 소리 내어 읽으며 예쁘게 따라 쓰세요.

화	룡	점	정

畫	龍	點	睛

뜻 채우고 따라 쓰기 소리 내어 읽으며 또박또박 따라 쓰세요.

무 손 ☐☐ 하 는 ☐ 데 에
가 장 ☐☐☐ 부 분 을 ☐ 완
성 하 다 .

41 조삼모사 朝三暮四

아침 조 석 삼 저물 모 녁 사

뜻 간사한 꾀로 남을 속여 희롱하다.

만화 읽고 고사성어 배우기

무슨 좋은 일 있어?
숙제를 잘해서 토요일에 두 시간, 일요일에 한 시간 게임할 수 있게 됐어.
토 일
2시간 1시간
우아~ 좋겠다!
잠깐! 이상하다?
뭐가?
속았어! 토요일에 한 시간, 일요일에 두 시간 했었거든.
토 일
1시간 2시간
킥킥, 조삼모사네.

고사성어 읽고 따라 쓰기 소리 내어 읽으며 예쁘게 따라 쓰세요.

조	삼	모	사

朝	三	暮	四

뜻 채우고 따라 쓰기 소리 내어 읽으며 또박또박 따라 쓰세요.

		한		꾀	로		남	을		속	여
		하	다	.							

42 오리무중 五里霧中

다섯 오 마을 리 안개 무 가운데 중

뜻 어떤 일에 대하여 방향이나 갈피를 잡을 수 없다.

만화 읽고 고사성어 배우기

엄마,
뭐 찾아요?
여기 있던 케이크가
어디 갔지?
그, 글쎄요?
어휴, 정말
오리무중이네.
그 케이크 상해서
버려야 하는데….
!!!

고사성어 읽고 따라 쓰기 소리 내어 읽으며 예쁘게 따라 쓰세요.

오	리	무	중

五	里	霧	中

뜻 채우고 따라 쓰기 소리 내어 읽으며 또박또박 따라 쓰세요.

어	떤		일	에		대	하	여			
이	나				를		잡	을		수	
없	다	.									

43 인산인해 人山人海

사람 인 메 산 사람 인 바다 해

뜻 사람이 헤아릴 수 없을 정도로 많이 모인 상태.

만화 읽고 고사성어 배우기

사람이 왜 저렇게 많이 모여 있지?
그러게! 완전 인산인해다.
어? 네가 좋아하는 ○○그룹 아냐?
뭐? ○○그룹?!
꺄~
와~
켁!

고사성어 읽고 따라 쓰기 소리 내어 읽으며 예쁘게 따라 쓰세요.

인	산	인	해

人	山	人	海

뜻 채우고 따라 쓰기 소리 내어 읽으며 또박또박 따라 쓰세요.

사	람	이						수		없	을
정	도	로		많	이					상	태.

44 무릉도원 武陵桃源

굳셀 무 언덕 릉 복숭아나무 도 근원 원

뜻 '이상향'을 비유적으로 이르는 말.

만화 읽고 고사성어 배우기

할머니!
어서 와라!
우아! 맛있는 게 엄청 많아!
텔레비전도 마음대로!
여기가 바로 무릉도원이구나!

고사성어 읽고 따라 쓰기 소리 내어 읽으며 예쁘게 따라 쓰세요.

무	릉	도	원

武	陵	桃	源

뜻 채우고 따라 쓰기 소리 내어 읽으며 또박또박 따라 쓰세요.

'   '을 비유적으로 이르는 말.

45 무용지물 無用之物

없을 무 쓸 용 갈 지 만물 물

뜻 쓸모없는 물건이나 사람.

만화 읽고 고사성어 배우기

무엇이든 해 주는 최신형 로봇입니다!
진짜?
숙제 좀 해 줘!
….
그럼 청소나 해 줘.
묵묵부답…
이거 완전 무용지물 아냐?
건전지 없음

고사성어 읽고 따라 쓰기 소리 내어 읽으며 예쁘게 따라 쓰세요.

무	용	지	물

無	用	之	物

뜻 채우고 따라 쓰기 소리 내어 읽으며 또박또박 따라 쓰세요.

					물	건	이	나		사	람.

46 지피지기 백전백승 知彼知己百戰百勝

알 지 | 저 피 | 알 지 | 자기 기 | 일백 백 | 싸울 전 | 일백 백 | 이길 승

뜻 상대를 알고 나를 알면 백 번 싸워 백 번 이긴다.

만화 읽고 고사성어 배우기

나, 좋아하는 애한테 고백할까 해.
지피지기면 백전백승이잖아. 걔가 뭘 좋아하는지 알아봐!
????
1. 아이스크림
2. 태권도
3. 도서관
4. 아이돌

고사성어 읽고 따라 쓰기 소리 내어 읽으며 예쁘게 따라 쓰세요.

지	피	지	기	백	전	백	승
知	彼	知	己	百	戰	百	勝

뜻 채우고 따라 쓰기 소리 내어 읽으며 또박또박 따라 쓰세요.

상	대	를					나	를		알	면
백		번		싸	워		백		번		
		.									

47 용두사미 龍頭蛇尾

용 용 머리 두 뱀 사 꼬리 미

뜻 시작은 거창하지만 끝마무리가 흐지부지할 때 쓰는 말.

만화 읽고 고사성어 배우기

얼른 집에 가야 해.
쌩
앵
오늘 드라마 마지막 회거든. 엄청 기대돼!
이튿날
왜 그래?
띠리리
완전 용두사미였어! 대실망~
띠링
띠리
띠리리

고사성어 읽고 따라 쓰기 소리 내어 읽으며 예쁘게 따라 쓰세요.

용	두	사	미	龍	頭	蛇	尾

뜻 채우고 따라 쓰기 소리 내어 읽으며 또박또박 따라 쓰세요.

시	작	은				하	지	만		끝	마
무	리	가						할		때	
쓰	는		말	.							

48 일거양득 一擧兩得

한 일 들 거 두 양 얻을 득

뜻 한 가지 일을 하여 두 가지 이익을 얻다.

만화 읽고 고사성어 배우기

25 편의점
내가 아이스크림 사 줄게.
좋아!
나도, 나도!
두 개 살 돈밖에 없는데…. 내가 먹지 말아야겠다.
스토커냐?
슬기 넌 안 먹어?
어, 그게….
이거 '2+1' 상품이에요.
오, 예! 일거양득!
!
폴짝
폴짝

고사성어 읽고 따라 쓰기 소리 내어 읽으며 예쁘게 따라 쓰세요.

일 거 양 득 一 擧 兩 得

뜻 채우고 따라 쓰기 소리 내어 읽으며 또박또박 따라 쓰세요.

일을 하여 이익을 얻다.

49 군계일학 群鷄一鶴

무리 군 닭 계 한 일 학 학

뜻 많은 사람 가운데 가장 뛰어난 인물.

만화 읽고 고사성어 배우기

이것 좀 봐!
?
우리 해찬 오빠가 제일 눈에 띄지?
음… 멋있긴 하네.
군계일학 그 자체라니까♥ 잘생기고 춤도 잘 추고 노래도 잘 불러.
….
매너는 또 얼마나 좋은지 알아? 지난번 공연 때는…
그만 좀 해라!

고사성어 읽고 따라 쓰기 소리 내어 읽으며 예쁘게 따라 쓰세요.

군	계	일	학	群	鷄	一	鶴

뜻 채우고 따라 쓰기 소리 내어 읽으며 또박또박 따라 쓰세요.

			사	람		가	운	데		가	장
				인	물	.					

50 함흥차사 咸興差使

다 함 일어날 흥 보낼 차 사신 사

뜻 심부름을 가서 오지 않거나 늦게 온 사람.

만화 읽고 고사성어 배우기

나 물 마실 건데,
너도 떠다 줄까?
응,
부탁해.
얘가 왜
안 오지?
1시간 뒤
문학
과학
완전
함흥차사네!
예술
어이구~
만화
ㅋㅋㅋ

고사성어 읽고 따라 쓰기 소리 내어 읽으며 예쁘게 따라 쓰세요.

함	흥	차	사

咸	興	差	使

뜻 채우고 따라 쓰기 소리 내어 읽으며 또박또박 따라 쓰세요.

(　　　)을 가서 오지 않거나 (　　) 온 사람.

복습 퀴즈 1

다음 사다리를 타고 내려가 나온 상황이 고사성어의 뜻과 맞으면 O표, 맞지 않으면 X표 하세요.

자화자찬 | 도원결의 | 다다익선 | 입신양명

윤슬기, 나엉뚱, 이찬수는 함께할 것을 맹세한다!
맹세한다!
나도 성공해서 내 이름을 세상에 알리겠어!
맛있지? 내가 만들었지만 식당에서 팔아도 될 정도야~
책은 많이 읽으면 읽을수록 좋아.
그럼, 그럼~

복습 퀴즈 2

다음 빈칸에 들어갈 알맞은 말을 골라 고사성어 뜻풀이를 완성해 보세요.

대기만성

크게 될 사람은 ☐ 이루어진다.

①빨리 ②늦게

개과천선

지난날의 잘못을 뉘우치고 ☐ 사람으로 변하다.

①악독하고 못된 ②올바르고 착한

모순

앞뒤가 서로 ☐ 말이나 행동.

①맞지 않는 ②잘 맞는

시시비비

☐ 을 분명하게 따지다.

①크고 작음 ②옳고 그름

표리부동

겉으로 드러나는 언행과 속으로 하는 생각이 ☐.

①다르다 ②똑같다

인면수심

마음이나 행동이 몹시 ☐.

①흉악하다 ②친절하다

복습 퀴즈 3

아래의 뜻풀이 열쇠와 초성 힌트를 잘 읽고, 빈칸에 알맞은 고사성어를 써 보세요.

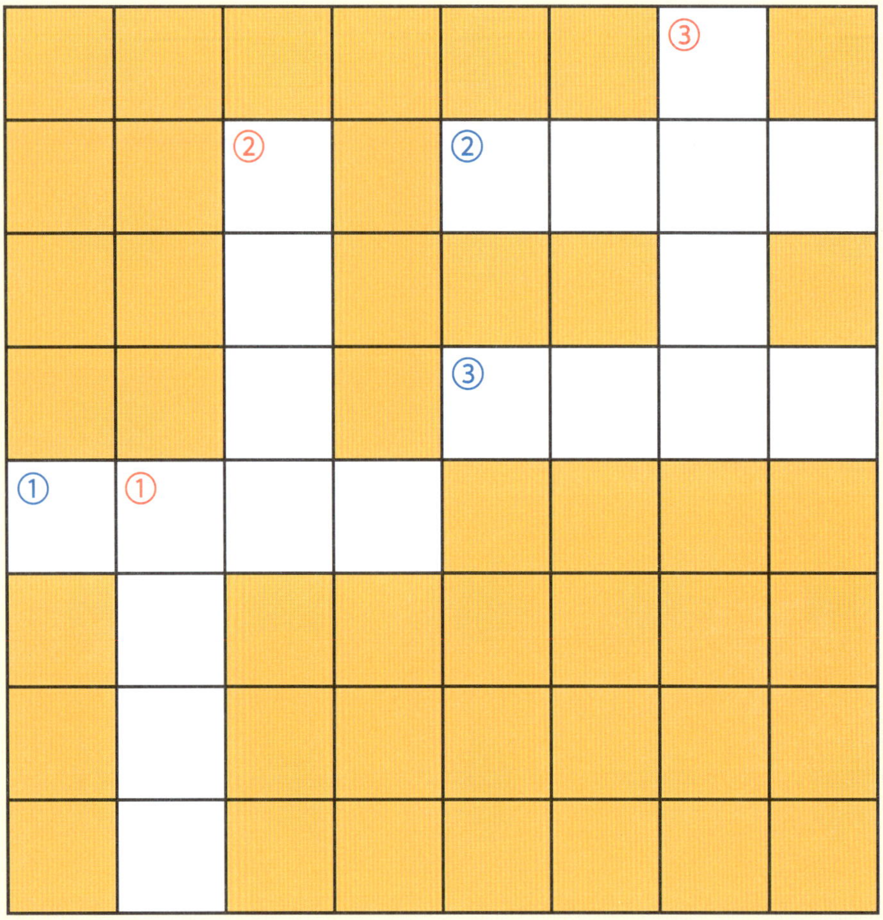

가로 열쇠

①시작은 거창하지만 끝마무리가 흐지부지할 때 쓰는 말. 초성 힌트: ㅇㄷㅅㅁ
②목적을 이루기 위해 온갖 어려움과 괴로움을 참고 견디다. 초성 힌트: ㅇㅅㅅㄷ
③어려운 처지에 있는 사람끼리 서로 가엾게 여기다. 초성 힌트: ㄷㅂㅅㄹ

세로 열쇠

① 집에만 있으면서 사회생활을 하지 않는 것을 이르는 말. 초성 힌트: ㄷㅁㅂㅊ
②심부름을 가서 오지 않거나 늦게 온 사람. 초성 힌트: ㅎㅎㅊㅅ
③난처한 일이나 불행한 일이 잇따라 일어나다. 초성 힌트: ㅅㅅㄱㅅ

복습 퀴즈 4

다음 문제를 잘 읽어 보고, 정답을 말하는 친구를 골라 네모 칸에 O표 하세요.

① '무용지물(無用之物)'에서 '무(無)'는 어떤 뜻일까요?

'충분하다'라는 뜻이야.
'없다'라는 뜻이야.

② '소탐대실'에서 쓰인 '소'는 어떤 한자일까요?

小 '작을 소'라는 한자야.
笑 '웃음 소'라는 한자야.

③ '견물생심'과 '일편단심'의 '심'은 같은 한자인가요?

맞아! 둘 다 '마음 심(心)'을 사용해.
아니야! 견물생심은 '마음 심(心)'을 쓰고, 일편단심은 '깊을 심(深)'을 써.

④ '동상이몽(同牀異夢)'은 어떤 뜻을 가지고 있나요?

겉으로는 반대로 행동하지만 속으로는 모두 같은 생각을 한다는 뜻이야.
겉으로는 같이 행동하지만 속으로는 각자 딴생각을 한다는 뜻이야.

일러두기

- 이 책의 만화는 『그래서 이런 사자성어가 생겼대요』의 만화를 그대로 사용했어요.
- 사자성어의 뜻은 국립국어원 『표준국어대사전』을 주로 참고해 풀이했어요.
- 사자성어를 이루는 각각의 한자에는 여러 가지 뜻이 있어요. 한자의 뜻은 『표준국어대사전』과 「네이버 한자사전」을 주로 참고했으며, 각 사자성어의 유래 이야기는 『그래서 이런 사자성어가 생겼대요』에 자세히 나와 있어요.

2장

사자성어 따라 쓰기

51 유비무환 有備無患

있을 유 갖출 비 없을 무 근심 환

뜻 미리 준비가 되어 있으면 걱정할 것이 없다.

만화 읽고 사자성어 배우기

곧 시험이니까 열심히 공부하렴.
쳇! 또 시험?
유비무환! 이번에는 미리미리 공부하겠어!
내가 잘못 들었나?
유비무환유비무환유비무환
어머, 해가 서쪽에서 뜨겠네?
킹 수학
망했다! 수학 공부만 했는데, 국어 시험이었어.
ㅋㅋㅋ 그럼 그렇지~
끼야악

사자성어 읽고 따라 쓰기 소리 내어 읽으며 예쁘게 따라 쓰세요.

유	비	무	환	有	備	無	患

뜻 채우고 따라 쓰기 소리 내어 읽으며 또박또박 따라 쓰세요.

미리 ( ) 가 되어 있으면 ( ) 할 것이 없다.

52 결자해지 結者解之

맺을 결 놈 자 풀 해 어조사 지

뜻 자기가 저지른 일은 자기가 해결해야 한다.

만화 읽고 사자성어 배우기

와, 뷔페다!
맛있겠다!
산아,
먹을 만큼
담아야지.
다 먹을 수
있어요!
이제 그만
먹을래요.
안 돼. 저것 좀 봐.
결자해지하거라.
꺼억~
남기면
4배 벌금
꾸역
꾸역
다음에는 적당히
담아야지.

사자성어 읽고 따라 쓰기 소리 내어 읽으며 예쁘게 따라 쓰세요.

결	자	해	지

結	者	解	之

뜻 채우고 따라 쓰기 소리 내어 읽으며 또박또박 따라 쓰세요.

		가		저	지	른		일	은		
	가		해	결	해	야		한	다	.	

53 사필귀정 事必歸正

일 **사** 반드시 **필** 돌아올 **귀** 바를 **정**

뜻 모든 일은 반드시 바른길로 돌아간다.

만화 읽고 사자성어 배우기

난 보이스 피싱범. 오늘은 누구에게 사기를 칠까?
흐흐흐~
안녕하세요, 서울 중앙 지검 검사입니다.
네? 검사요?
제 동생이 검사인데, 당신은 어느 부서 검사죠?
덜덜
그, 그게…
당신! 보이스 피싱범이지?
어이쿠, 사필귀정이라더니 제대로 걸렸네.

사자성어 읽고 따라 쓰기 소리 내어 읽으며 예쁘게 따라 쓰세요.

사 필 귀 정 事 必 歸 正

뜻 채우고 따라 쓰기 소리 내어 읽으며 또박또박 따라 쓰세요.

모든 □은 반드시 □□ □로 돌아간다.

54 초지일관 初志一貫

처음 초 뜻 지 한 일 꿸 관

뜻 처음에 세운 뜻을 중간에 바꾸지 않고 끝까지 밀고 나가다.

만화 읽고 사자성어 배우기

다이어트 시작! 오늘부터 샐러드만 먹는다!
오~
와! 김치찌개 맛있다~
그래도 난 샐러드!
와! 피자 치즈가 쭉쭉 늘어나요~
난 초지일관 샐러드….
얘들아, 치킨 먹자!
와~
치킨
와
나도!

사자성어 읽고 따라 쓰기 소리 내어 읽으며 예쁘게 따라 쓰세요.

초	지	일	관

初	志	一	貫

뜻 채우고 따라 쓰기 소리 내어 읽으며 또박또박 따라 쓰세요.

□□에 세운 뜻을 중간에 바꾸지 않고 □□□ 밀고 나가다.

55 살신성인 殺身成仁

죽일 살 몸 신 이룰 성 어질 인

뜻 자기 몸을 희생하여 인을 이루다.

만화 읽고 사자성어 배우기

꼬마야, 내가 구해 줄게!
허우적
저 꼬마도 빠졌네? 살신성인 정신으로 내가 구해 주마!
허우적
훗, 다들 나를 살신성인한 위인으로 보고 있군.
수영 수업 중인데 자꾸 데리고 가면 어떡해?!

사자성어 읽고 따라 쓰기 소리 내어 읽으며 예쁘게 따라 쓰세요.

살 신 성 인 殺 身 成 仁

뜻 채우고 따라 쓰기 소리 내어 읽으며 또박또박 따라 쓰세요.

자기 몸을 ☐☐하여 ☐☐ 이루다.

56 일취월장 日就月將

날 일 나아갈 취 달 월 나아갈 장

뜻 나날이 다달이 자라거나 발전하다.

만화 읽고 사자성어 배우기

옆집 우주가 피아노 콩쿠르에서 우승했대요.
우주 실력이 일취월장했나 보네요!
나의 라이벌 우주…
질 수 없다! 내일부터 나도!
인형 뽑기의 달인이 될 테다!
타다다다닥
이것 보세요! 이 귀한 걸 제가 뽑았다니까요~
일취월장할 게 따로 있지….

사자성어 읽고 따라 쓰기 소리 내어 읽으며 예쁘게 따라 쓰세요.

일	취	월	장

日	就	月	將

뜻 채우고 따라 쓰기 소리 내어 읽으며 또박또박 따라 쓰세요.

나날이 다달이 ☐☐거나 ☐☐하다.

57 금의환향 錦衣還鄉

비단 금 옷 의 돌아올 환 시골 향

뜻 출세하여 고향에 돌아오다.

만화 읽고 사자성어 배우기

걔가 국제 미술 대회에서 우승했대.
상장
그래?
짝
짝, 짝,
짝,
나도 국제 대회에서 상 받아 금의환향하고 싶다….
며칠 뒤
여러분, 산이가 이번에 국제 대회에서 우승을 했습니다.
와~ 정말요?
위 어린이는 국제 멍때리기 대회에서 1등을 하여…
쑥스럽구먼…
하하하하 —

사자성어 읽고 따라 쓰기 소리 내어 읽으며 예쁘게 따라 쓰세요.

금	의	환	향	錦	衣	還	鄉

뜻 채우고 따라 쓰기 소리 내어 읽으며 또박또박 따라 쓰세요.

		하	여				에		돌	아	오
다	.										

58 고진감래 苦盡甘來

쓸고 다할진 달감 올래

뜻 고생 끝에 즐거움이 온다.

만화 읽고 사자성어 배우기

산 정상에서 멋진 인생 샷을 찍겠어!
불끈!
아이고, 힘들어.
후덜덜
고진감래! 조금만 더 가면 정상에서 인생 샷을 찍을 수 있어.
덜덜덜
고진감래는 무슨…. 휴대폰을 두고 왔네, 흑흑.
산 정상
#산 정상 #인생 샷 실패 #고진감래 실패

사자성어 읽고 따라 쓰기 소리 내어 읽으며 예쁘게 따라 쓰세요.

고	진	감	래

苦	盡	甘	來

뜻 채우고 따라 쓰기 소리 내어 읽으며 또박또박 따라 쓰세요.

(　　) 끝에 (　　　)이 온다.

59 전화위복 轉禍爲福

구를 전 재앙 화 할 위 복 복

뜻 재앙과 근심, 걱정이 바뀌어 오히려 복이 되다.

만화 읽고 사자성어 배우기

학원
저… 책을 집에 두고 왔어요.
뭐?
벌로 오늘 숙제 두 배야.
네…
오늘은 다정이 책을 같이 보렴.
네?
내 책 같이 보자.
다정이랑 짝이라니! 이게 바로 전화위복!

사자성어 읽고 따라 쓰기 소리 내어 읽으며 예쁘게 따라 쓰세요.

전	화	위	복

轉	禍	爲	福

뜻 채우고 따라 쓰기 소리 내어 읽으며 또박또박 따라 쓰세요.

재	앙	과		근	심	,			이		바
뀌	어		오	히	려			이		되	다.

60 산전수전 山戰水戰

메 산 싸울 전 물 수 싸울 전

뜻 세상의 온갖 고생과 어려운 일을 다 겪었음을 이르는 말.

만화 읽고 사자성어 배우기

제법 군인 티가 난다?
산전수전 다 겪었다고. 이제 못할 일이 없어.
그럼 청소 좀 도와줄래?
그 정도야 쉽지!
싹싹
슥슥
이제 됐어?
하나 남았어. 조카들이랑 놀아 주기!
헉
헉
삼촌, 우리 물총 게임 하자!
삼촌, 나랑 카드놀이 하자!
하하하
꺄 꺄 꺄
산전수전보다 이게 훨씬 힘드네.

사자성어 읽고 따라 쓰기 소리 내어 읽으며 예쁘게 따라 쓰세요.

산	전	수	전	山	戰	水	戰

뜻 채우고 따라 쓰기 소리 내어 읽으며 또박또박 따라 쓰세요.

세	상	의		온	갖				과		
			일	을		다		겪	었	음	을
이	르	는		말	.						

61 기고만장 氣高萬丈

기운 기 높을 고 일만 만 길이 장

뜻 일이 잘될 때 우쭐하여 뽐내는 기세가 대단함을 이르는 말.

만화 읽고 사자성어 배우기

내가 백 점?
대체 무슨 일이지?
와! 이번에 공부
열심히 했구나?
100점
모르는 거 있으면
내가 다 알려 줄게!
정말?!
쟤가
백 점이라고?
어머, 우주랑
산이 시험지가
바뀌었네!
네?
휴~
100점
20점
이건 꿈이야...
기고만장하더니,
그럴 줄 알았다.
ㅋㅋ
20점

사자성어 읽고 따라 쓰기 소리 내어 읽으며 예쁘게 따라 쓰세요.

기	고	만	장	氣	高	萬	丈

뜻 채우고 따라 쓰기 소리 내어 읽으며 또박또박 따라 쓰세요.

일이 ☐☐ 때 우쭐하여 ☐☐☐ 기세가 대단함을 이르는 말.

62 호가호위 狐假虎威

여우 호 빌릴 가 범 호 위엄 위

뜻 다른 사람의 권세를 빌려 위세를 부리다.

만화 읽고 사자성어 배우기

내가 먼저 탈 거야!
비켜! 내 동생이 탄다잖아.
알았어.
두고 보자…
다음 날
시소는 내가 먼저 탈 거…
뭐라고?
내 사촌 형이다! 이제 호가호위도 끝이야!

사자성어 읽고 따라 쓰기 소리 내어 읽으며 예쁘게 따라 쓰세요.

호	가	호	위

狐	假	虎	威

뜻 채우고 따라 쓰기 소리 내어 읽으며 또박또박 따라 쓰세요.

다	른		사	람	의				를		빌
려				를		부	리	다	.		

63 인지상정 人之常情

사람 인 어조사 지 항상 상 뜻 정

뜻 사람이라면 누구나 지니는 보통의 마음.

만화 읽고 사자성어 배우기

우리가 누구냐고 물으신다면 대답해 드리는 게 인지상정!
인지상정이 뭐지?
스윽-
인지상정은 사람이라면 누구나 품는 마음을 말하는 거야.
아하
앗! 왜 끄세요?
자식이 계속 TV만 보고 있으면 그만 보게 하는 게 인지상정!
쳇…

사자성어 읽고 따라 쓰기 소리 내어 읽으며 예쁘게 따라 쓰세요.

인	지	상	정	人	之	常	情

뜻 채우고 따라 쓰기 소리 내어 읽으며 또박또박 따라 쓰세요.

(   )이라면 누구나 지니는 (   )의 마음.

64 자격지심 自激之心

스스로 **자** 과격할 **격** 어조사 **지** 마음 **심**

뜻 자기가 한 일을 스스로 부족하게 여기는 마음.

만화 읽고 사자성어 배우기

휴지가 없네?
휴지 많이 썼다고 눈치 주는 건가?
크흥
여러분, 아침에 지각하지 마세요.
칫!
어제 내가 지각해서 저러시나?
걔는 마음이 엄청 좁아.
맞아.
내 얘기가 분명해!
부글 부글
그래! 난 휴지도 많이 쓰고 지각쟁이에 좀생이다!
어쩌라고!
웬 자격지심?

사자성어 읽고 따라 쓰기 소리 내어 읽으며 예쁘게 따라 쓰세요.

자	격	지	심	自	激	之	心

뜻 채우고 따라 쓰기 소리 내어 읽으며 또박또박 따라 쓰세요.

		가		한		일	을		스	스	로
		하	게		여	기	는		마	음	.

65 사리사욕 私利私慾

사사로울 사 이로울 리 사사로울 사 욕심 욕

뜻 사사로운 이익과 욕심을 이르는 말.

만화 읽고 사자성어 배우기

내가 회장이니까 자율 학습 시간엔 내가 좋아하는 체육만 해야 해!
학급 간식도 내가 먹고 싶은 걸로 고르고!
학급 문고도 내가 읽고 싶은 책으로만 채우자!
야! 회장이라고 네 사리사욕만 채우면 어떡해?
맞아!
맞아!
미안…. 이제 다른 친구들 의견도 잘 들을게.
긁적 긁적
그럼~ 그럼~

사자성어 읽고 따라 쓰기 소리 내어 읽으며 예쁘게 따라 쓰세요.

사	리	사	욕		私	利	私	慾

뜻 채우고 따라 쓰기 소리 내어 읽으며 또박또박 따라 쓰세요.

사사로운 ☐☐과 ☐☐을 이르는 말.

66 반신반의 半信半疑

반 반 믿을 신 반 반 의심할 의

뜻 얼마쯤 믿으면서도 한편으로는 의심하다.

만화 읽고 사자성어 배우기

엄마, 이것 보세요!
뭘?
다다다다
제가 상을 받았어요.
정말?
반신반의하지 마세요. 여기 상장도 있다고요!
오!
맞죠?
용돈을 줘야 하나…
우리 문방구 우수 고객상 "땡큐" 수상자 : 산이

사자성어 읽고 따라 쓰기 소리 내어 읽으며 예쁘게 따라 쓰세요.

반 신 반 의 半 信 半 疑

뜻 채우고 따라 쓰기 소리 내어 읽으며 또박또박 따라 쓰세요.

얼마쯤 ☐☐☐서도 한편으로는 ☐☐하다.

67 막무가내 莫無可奈

없을 막 없을 무 옳을 가 어찌 내

뜻 달리 어찌할 방도가 없다.

만화 읽고 사자성어 배우기

이 파워맨 카드 주인은 가위바위보로 정하자!
좋아!
가위~ 바위~ 보!!
와, 내가 이겼다!
한 판만 더 하자….
가위~ 바위~ 보!!
내가 또 이겼다!
한 판만 더 해!
이제 그만해.
내가 이길 때까지 계속하겠어!
가위~ 바위~
…
정말 막무가내잖아!

사자성어 읽고 따라 쓰기 소리 내어 읽으며 예쁘게 따라 쓰세요.

막	무	가	내

莫	無	可	奈

뜻 채우고 따라 쓰기 소리 내어 읽으며 또박또박 따라 쓰세요.

달리 어찌할 [ ] 가 없다.

68 노심초사 勞心焦思

수고로울 노 마음 심 그을릴 초 생각 사

뜻 몸시 마음을 쓰며 애를 태우다.

만화 읽고 사자성어 배우기

비행기가 추락하진 않겠지?
덜~
덜
덜
덜
덜 덜 덜
노심초사하지 않아도 돼.
불안할 땐 창밖을 보면 좀 괜찮아질…
노심초사는 무슨!
드르렁~

사자성어 읽고 따라 쓰기 소리 내어 읽으며 예쁘게 따라 쓰세요.

노	심	초	사

勞	心	焦	思

뜻 채우고 따라 쓰기 소리 내어 읽으며 또박또박 따라 쓰세요.

몸 시 ☐☐ 을 쓰 며 애 를 ☐☐☐ .

69 전전긍긍 戰戰兢兢

두려워할 전 두려워할 전 삼갈 긍 삼갈 긍

뜻 몹시 두려워서 덜덜 떨며 조심하다.

만화 읽고 사자성어 배우기

내일 체험 학습 준비물 잘 챙겨 오고, 지각하면 안 돼요.
네
그날 밤
얼른 자야 하는데 불안해서 잠이 안 와….
안 자니?
잊은 준비물이 없는지 한 번만 더 확인하려고요.
다음 날
솔아! 지각하겠어!
어휴, 어제 그렇게 전전긍긍 하더니.
드르렁~

사자성어 읽고 따라 쓰기 소리 내어 읽으며 예쁘게 따라 쓰세요.

전	전	긍	긍

戰	戰	兢	兢

뜻 채우고 따라 쓰기 소리 내어 읽으며 또박또박 따라 쓰세요.

몹	시				워	서		덜	덜		떨
며				하	다	.					

70 혼비백산 魂飛魄散

넋 혼 · 날 비 · 넋 백 · 흩을 산

뜻 몹시 놀라 넋을 잃다.

만화 읽고 사자성어 배우기

혼비백산이 무슨 말이지?
혼비백산?
내가 직접 보여 줄게.
어떻게?
뿌웅
도대체 뭘 먹은 거야?
이게 바로 혼비백산!
으악~ 독가스다!

사자성어 읽고 따라 쓰기

소리 내어 읽으며 예쁘게 따라 쓰세요.

혼	비	백	산	魂	飛	魄	散

뜻 채우고 따라 쓰기

소리 내어 읽으며 또박또박 따라 쓰세요.

몹	시		놀	라		☐	☐		잃	다	.

71 망연자실 茫然自失

아득할 망 그럴 연 스스로 자 잃을 실

뜻 멍하니 정신을 잃다.

만화 읽고 사자성어 배우기

엘리베이터가 고장?
고
장
왜 우리 집은 13층인 거야….
헉
헉
헉
13
드, 드디어 다 왔다!
13층
너 설마 걸어왔니? 엘리베이터 방금 고쳤는데!
띵 동-
13
아이고, 저 망연자실한 표정 좀 봐.

사자성어 읽고 따라 쓰기 소리 내어 읽으며 예쁘게 따라 쓰세요.

망	연	자	실	茫	然	自	失

뜻 채우고 따라 쓰기 소리 내어 읽으며 또박또박 따라 쓰세요.

멍	하	니						잃	다	.	

72 노발대발 怒發大發

성낼 노 필 발 큰 대 필 발

뜻 몹시 노하여 펄펄 뛰며 성을 내다.

만화 읽고 사자성어 배우기

엄마가 보면
노발대발
하실 텐데….
20점
옳지! 설거지를
해 놓으면 용서해
주실 거야.
앗!
쨍그랑
20점
내가 제일
아끼는 접시를!
접시 때문에
노발대발하실
줄이야….

사자성어 읽고 따라 쓰기 소리 내어 읽으며 예쁘게 따라 쓰세요.

노	발	대	발	怒	發	大	發

뜻 채우고 따라 쓰기 소리 내어 읽으며 또박또박 따라 쓰세요.

몹	시						펄	펄		뛰	며
			내	다	.						

73 호시탐탐 虎視眈眈

범 호 볼 시 노려볼 탐 노려볼 탐

뜻 남의 것을 빼앗기 위해 형세를 살피며 기회를 엿보다.

만화 읽고 사자성어 배우기

이 쿠키 짱 맛있다. 더 먹고 싶어….
힝~
이슬아, 너 충치 생겼다고 했지?
응.
그럼 이건 내가 대신 먹어 줄게.
퍽!
어림없다! 호시탐탐 뭘 노리는 거야?

사자성어 읽고 따라 쓰기 소리 내어 읽으며 예쁘게 따라 쓰세요.

호	시	탐	탐

虎	視	眈	眈

뜻 채우고 따라 쓰기 소리 내어 읽으며 또박또박 따라 쓰기.

남의 것을 ( ) 위해
형세를 살피며 ( )
엿보다.

74 학수고대 鶴首苦待

학 학 鶴 머리 수 首 괴로울 고 苦 기다릴 대 待

뜻 학의 목처럼 목을 길게 빼고 간절히 기다리다.

만화 읽고 사자성어 배우기

엄마가 케이크 사 오신다고 했는데, 언제 오시려나?
엄마~
엄마~
에구, 늦었지? 오빠는 어디 갔니?
CAKE
엄청 학수고대하더니…
엄마
정말 학이 되었어요.

사자성어 읽고 따라 쓰기 소리 내어 읽으며 예쁘게 따라 쓰세요.

학	수	고	대

鶴	首	苦	待

뜻 채우고 따라 쓰기 소리 내어 읽으며 또박또박 따라 쓰세요.

☐의 목처럼 목을 길게 빼고 간절히 ☐☐☐☐.

75 오매불망 寤寐不忘

깰 오 잠잘 매 아닐 불 잊을 망

뜻 깨어 있을 때도 잠들어 있을 때도 잊지 못하다.

만화 읽고 사자성어 배우기

오, 이건!
내가 오매불망 바라던 크고 멋진 낚싯대!
신상 낚싯대
며칠 뒤
이게 뭐예요?
아빠가 오매불망 기다린 낚싯대란다.
크고 멋진 신상 낚싯대…!
와, 장난감이에요? 귀엽다!

사자성어 읽고 따라 쓰기

소리 내어 읽으며 예쁘게 따라 쓰세요.

오	매	불	망

寤	寐	不	忘

뜻 채우고 따라 쓰기

소리 내어 읽으며 또박또박 따라 쓰세요.

☐☐ 있을 때도 ☐☐☐ 있을 때도 잊지 못하다.

76 견원지간 犬猿之間

개 견 원숭이 원 어조사 지 사이 간

뜻 사이가 몹시 나쁜 관계.

만화 읽고 사자성어 배우기

민지야, 안녕.
너도 산책 중이니?
이크, 견원지간이 따로 없네.
으르렁
왈왈
네 강아지는 왜 이렇게 사납냐? 교육 좀 시켜라.
뭐라고? 네 강아지도 순하진 않거든?
뭔가 어쩌고 저쩌?!
쟤들이 더 견원지간인데?

사자성어 읽고 따라 쓰기 소리 내어 읽으며 예쁘게 따라 쓰세요.

견	원	지	간

犬	猿	之	間

뜻 채우고 따라 쓰기 소리 내어 읽으며 또박또박 따라 쓰세요.

		가		몹	시					관	계.

77 난형난제 難兄難弟

어려울 난　형 형　어려울 난　아우 제

뜻 두 인물이나 사물이 서로 비슷하여 낫고 못함을 가리기 어렵다.

만화 읽고 사자성어 배우기

넌 절대 나를 따라올 수 없단다.
뭐래? 내 실력이 훨씬 낫거든?
둘이 뭐 하니?
엄마, 우리 둘 중에 누가 더 뛰어난지 판단해 주세요.
그림을 그렸는데, 오빠가 자기 그림이 훨씬 낫대요.
당연하지!
제가 더 잘 그렸죠?
거참 난형난제구나!
제가 더 잘 그렸죠?

사자성어 읽고 따라 쓰기 소리 내어 읽으며 예쁘게 따라 쓰세요.

난	형	난	제

難	兄	難	弟

뜻 채우고 따라 쓰기 소리 내어 읽으며 또박또박 따라 쓰세요.

두		인	물	이	나		사	물	이		서
로				하	여		낫	고			
을		가	리	기		어	렵	다	.		

78 죽마고우 竹馬故友

대죽 말마 옛고 벗우

뜻 어릴 때부터 같이 놀며 자란 벗.

만화 읽고 사자성어 배우기

우주한테 내 얘기 좀 좋게 해 주라~
알았어! 우린 죽마고우니까.
있잖아, 이슬이가 알고 보면 엄청 똑똑해.
그래?
어릴 때 이불에 오줌 싸고 혼날까 봐 강아지가 그랬다며 거짓말하고 그랬어.
그래….
부들 부들
살려 줘! 우린 죽마고우잖아!
죽마고우가 아니라 원수겠지!

사자성어 읽고 따라 쓰기 소리 내어 읽으며 예쁘게 따라 쓰세요.

죽	마	고	우	竹	馬	故	友

뜻 채우고 따라 쓰기 소리 내어 읽으며 또박또박 따라 쓰세요.

			때	부	터		같	이		놀	며
자	란			.							

79 유유상종 類類相從

무리 유 무리 유 서로 상 좇을 종

뜻 같은 무리끼리 서로 어울리다.

만화 읽고 사자성어 배우기

아빠, 저 친구들이랑 공부할게요.
오!
산이가 공부를 한대요. 유유상종이라더니 친구를 잘 사귀었나 봐요.
그러게요.
얘들아, 힘들지? 이거 먹고 하…
이런 유유상종이었냐?
쿨쿨
드르렁

사자성어 읽고 따라 쓰기 소리 내어 읽으며 예쁘게 따라 쓰세요.

유	유	상	종

類	類	相	從

뜻 채우고 따라 쓰기 소리 내어 읽으며 또박또박 따라 쓰세요.

같은 (　　) 끼리 서로 (　)

(　　　)

80 오합지졸 烏合之卒

까마귀 오 합할 합 어조사 지 군사 졸

뜻 임시로 모여들어 무질서한 병졸이나 군중.

만화 읽고 사자성어 배우기

줄다리기 대회
너희들, 가위바위보에 져서 나온 오합지졸이라며?
하하하!
우리를 무시해?
질질
우리의 힘을 보여 주마~!
헉, 엄청 세다!
흑흑흑…
와, 이겼다!
오합지졸이 아니었구나….

사자성어 읽고 따라 쓰기 소리 내어 읽으며 예쁘게 따라 쓰세요.

오	합	지	졸

烏	合	之	卒

뜻 채우고 따라 쓰기 소리 내어 읽으며 또박또박 따라 쓰세요.

				모	여	들	어				
한		병	졸	이	나		군	중	.		

81 동고동락 同苦同樂

같을 동 괴로울 고 같을 동 즐길 락

뜻 괴로움도 즐거움도 함께하다.

만화 읽고 사자성어 배우기

산아,
무슨 일 있어?
동고동락하던
친구가 사라졌어.
정말?!
친구가
전학 갔나?
이거 네 거지?
복도에서 주웠어.
찾았다!
나와 동고동락한
게임기!
게임기였냐…

사자성어 읽고 따라 쓰기 소리 내어 읽으며 예쁘게 따라 쓰세요.

동	고	동	락

同	苦	同	樂

뜻 채우고 따라 쓰기 소리 내어 읽으며 또박또박 따라 쓰세요.

			도					도		함	께
하	다	.									

82 청출어람 靑出於藍

푸를 청 날 출 어조사 어 쪽 람

뜻 제자나 후배가 스승이나 선배보다 나음을 비유하는 말.

만화 읽고 사자성어 배우기

오빠, 종이접기 해? 나도 할래.
오냐, 이 오빠가 가르쳐 주마.
힝, 망했다~
훗, 난 성공했지!
ㅋㅋ
이걸 이렇게 접으면….
꼼지락 꼼지락
ㅋㅋ
아무리 애써도 너는 날 못 이겨.
며칠 뒤
짜잔! 대왕 공룡을 접었어.
청출어람이군….
헉

사자성어 읽고 따라 쓰기 소리 내어 읽으며 예쁘게 따라 쓰세요.

청	출	어	람	靑	出	於	藍

뜻 채우고 따라 쓰기 소리 내어 읽으며 또박또박 따라 쓰세요.

제	자	나		후	배	가		☐	☐	이	나
☐	☐	보	다		나	음	을		비	유	하
는		말	.								

83 이심전심 以心傳心

써 이 마음 심 전할 전 마음 심

뜻 마음과 마음으로 서로 뜻이 통하다.

만화 읽고 사자성어 배우기

오늘 끝장을 내자!
그만 싸우고 간식 먹어!
우당탕
간식 OK?
간식 OK!
간식 다 먹고 게임 OK?
게임 OK!
삐칭
잘 먹었습니다! 저희 게임할게요!
그럴 때만 이심전심이군.
후다닥

사자성어 읽고 따라 쓰기 소리 내어 읽으며 예쁘게 따라 쓰세요.

이	심	전	심	以	心	傳	心

뜻 채우고 따라 쓰기 소리 내어 읽으며 또박또박 따라 쓰세요.

마음과 [ ] 으로 서로 [ ] 이 통하다.

84 십시일반 十匙一飯

열 십 숟가락 시 한 일 밥 반

뜻 여러 사람이 조금씩 힘을 모으면 한 사람을 돕기 쉽다.

만화 읽고 사자성어 배우기

앗, 도시락을 두고 왔다!
뭐?!
뭐?
내 김밥 좀 나눠 줄게. 십시일반이라잖아.
고마워.
내 과자도 줄게. 아껴 먹어.
우주야, 우리도 십시일반으로 가져왔어.
고마워.
맛있겠다.
쩝쩝.

사자성어 읽고 따라 쓰기 소리 내어 읽으며 예쁘게 따라 쓰세요.

십	시	일	반	十	匙	一	飯

뜻 채우고 따라 쓰기 소리 내어 읽으며 또박또박 따라 쓰세요.

여러 사람이 조금씩 ☐ ☐ 모으면 한 사람을 ☐ ☐ 쉽다.

85 사면초가 四面楚歌

녁 사 낯 면 초나라 초 노래 가

뜻 아무에게도 도움을 받지 못하는 외롭고 곤란한 형편.

만화 읽고 사자성어 배우기

도둑이야! 제 가방을 훔쳐 가요!
헤헤, 나 잡아 봐라~
탁
제가 도울게요!
그래도 날 못 잡을걸?
경찰입니다! 저도 돕겠습니다.
도둑을 저 구석으로 몰죠!
경찰까지 왔잖아?
널 체포하겠다!
그야말로 사면초가로군.
헉
헉

사자성어 읽고 따라 쓰기 소리 내어 읽으며 예쁘게 따라 쓰세요.

사	면	초	가

四	面	楚	歌

뜻 채우고 따라 쓰기 소리 내어 읽으며 또박또박 따라 쓰세요.

아	무	에	게	도						받	지
못	하	는						곤	란	한	
형	편	.									

86 구사일생 九死一生

아홉 구 죽을 사 한 일 날 생

뜻 죽을 고비를 여러 번 넘기고 겨우 살아나다.

만화 읽고 사자성어 배우기

큰일 났다! 지각이다!
조심해!
끼익
헉! 부딪칠 뻔!
으악! 넘어질 뻔!
폴짝
썰렁~
아, 오늘이 개교 기념일이었지! 구사일생으로 살아서 왔건만….

사자성어 읽고 따라 쓰기 소리 내어 읽으며 예쁘게 따라 쓰세요.

구	사	일	생

九	死	一	生

뜻 채우고 따라 쓰기 소리 내어 읽으며 또박또박 따라 쓰세요.

죽	을				를		여	러		번	
넘	기	고					살	아	나	다	.

87 자승자박 自繩自縛

스스로 자 줄 승 스스로 자 묶을 박

뜻 자기가 한 말과 행동에 자기 자신이 얽매이다.

만화 읽고 사자성어 배우기

딱 한 시간만 게임하고 청소할게요.
그래.
과자 나눠 주면 숙제 대신 해 줄게!
좋아!
천 원만 주시면 백구 산책은 제가 시킬게요.
오!
청소 안 해?
산책은?
크윽, 자승자박이로구나!
내 숙제는?

사자성어 읽고 따라 쓰기 소리 내어 읽으며 예쁘게 따라 쓰세요.

자	승	자	박

自	繩	自	縛

뜻 채우고 따라 쓰기 소리 내어 읽으며 또박또박 따라 쓰세요.

자기가 한 말과 (　　)에 자기 자신이 (　　)이다.

88 풍비박산 風飛雹散

바람 풍 날 비 우박 박 흩어질 산

뜻 사방으로 날아 흩어지다.

만화 읽고 사자성어 배우기

뭘 까먹은 것 같은데….
엄마.
왜 그래요?
긁적
긁적
분명히 뭘 잊은 것 같은데 생각이 안 나네.
맞다! 가스 불을 안 껐어!
헉!
헉! 얼른 돌아가요!
덜덜
어휴, 십년감수했다.
하마터면 집이 풍비박산 날 뻔했네요.
휴~

사자성어 읽고 따라 쓰기 소리 내어 읽으며 예쁘게 따라 쓰세요.

풍	비	박	산

風	飛	雹	散

뜻 채우고 따라 쓰기 소리 내어 읽으며 또박또박 따라 쓰세요.

		으	로		날	아				지	다.

89 천고마비 天高馬肥

하늘 천 높을 고 말 마 살찔 비

뜻 하늘이 높푸르고 먹을 것이 풍부한 가을철을 이르는 말.

만화 읽고 사자성어 배우기

가을은 천고마비의 계절.
하늘은 높고 말은 살찌는 계절이지.
쩝쩝
꿀꺽
말만 살찌나? 인간도 살찌는 시기라고.
맞아. 맛있는 음식이 가득하니까!
아! 드디어 그토록 기다리던 가을이 되었는데…
뜨시
왜 우리는 매일 풀 반찬만 먹냐고.
맞아! 고기 먹고 싶어.
시끄러워! 우리 집 통장은 벌써 겨울이야.

사자성어 읽고 따라 쓰기 소리 내어 읽으며 예쁘게 따라 쓰세요.

천	고	마	비

天	高	馬	肥

뜻 채우고 따라 쓰기 소리 내어 읽으며 또박또박 따라 쓰세요.

하	늘	이					고		먹	을	
것	이				한		가	을	철	을	
이	르	는		말	.						

90 백해무익 百害無益

일백 백 해로울 해 없을 무 더할 익

뜻 해롭기만 하고 하나도 이로운 바가 없다.

만화 읽고 사자성어 배우기

라면 먹지 마.
백해무익해.
네.
백해무익하니까
TV 좀 그만 봐.
네.
휴대폰
오래 보지 마라.
백해무익하다.
네….
나한테는
백해무익하다면서요!

사자성어 읽고 따라 쓰기 소리 내어 읽으며 예쁘게 따라 쓰세요.

백	해	무	익

百	害	無	益

뜻 채우고 따라 쓰기 소리 내어 읽으며 또박또박 따라 쓰세요.

☐☐ 기만 하고 하나도

☐☐☐ 바가 없다.

91 문전성시 門前成市

문 문 앞 전 이룰 성 시장 시

뜻 찾아오는 사람이 많아 집 앞이 시장처럼 북적대다.

만화 읽고 사자성어 배우기

새로 생긴 떡볶이집 갈래? 맛집인지 날마다 문전성시더라.
좋아.
맛나 떡볶이
진짜 맛있었다!
비결이 뭘까?
꺼억
사장님이 쓰레기를 버리네?
저 안에 비법이 있을지도?
맛나 떡볶이
맛의 비결은 라면 수프였어.
라면 수프
맛나 떡볶이
헉! 내 영업 비밀!

사자성어 읽고 따라 쓰기 소리 내어 읽으며 예쁘게 따라 쓰세요.

문	전	성	시	門	前	成	市

뜻 채우고 따라 쓰기 소리 내어 읽으며 또박또박 따라 쓰세요.

찾	아	오	는		사	람	이				
집		앞	이		시	장	처	럼			
대	다	.									

92 십중팔구 十中八九

열 십 가운데 중 여덟 팔 아홉 구

뜻 열 가운데 여덟이나 아홉 정도로 거의 틀림이 없다.

만화 읽고 사자성어 배우기

널 위해 준비한 음료수야.
날 위해 준비해? 십중팔구 음료수에 장난을 쳤겠지.
고마워! 네가 좋아하는 다정이랑 나눠 먹을게.
뭐? 다정이랑?
다정아, 이거 산이가 준 건데 같이 마시…
응?
꿀꺽
꿀꺽
그냥 내가 마실게!
탁!
으윽, 써!
그럴 줄 알았다.
ㅋㅋㅋ

사자성어 읽고 따라 쓰기 소리 내어 읽으며 예쁘게 따라 쓰세요.

십	중	팔	구

十	中	八	九

뜻 채우고 따라 쓰기 소리 내어 읽으며 또박또박 따라 쓰세요.

		가	운	데				이	나		
		정	도	로		거	의		틀	림	이
없	다	.									

93 임기응변 臨機應變

임할 임 때 기 응할 응 변할 변

뜻 상황에 맞추어 그 자리에서 당장 결정하거나 일을 처리하다.

만화 읽고 사자성어 배우기

너 앞머리가 그게 뭐냐?
이상해? 엄마가 잘라 줬는데.
어쩐지! 정말 유니크하더라.
옷도 머리에 어울리게 입어 봤는데, 어때?
에이, 그 옷은 좀 촌스럽지 않냐?
이거 우리 할머니가 사 주신 건데.
요즘 복고가 유행이라던데, 할머니 센스 짱이시다!
그치?
임기응변 하나는 최고라니까.

사자성어 읽고 따라 쓰기 소리 내어 읽으며 예쁘게 따라 쓰세요.

임	기	응	변

臨	機	應	變

뜻 채우고 따라 쓰기 소리 내어 읽으며 또박또박 따라 쓰세요.

상황에 맞추어 그 자리
에서 당장 (　　) 하거나
일을 (　　) 하다.

94 유언비어 流言蜚語

흐를 유 말씀 언 바퀴 비 말씀 어

뜻 아무 근거 없이 여기저기 퍼진 소문.

만화 읽고 사자성어 배우기

자, 우리 엄마가 너희 엄마한테 빌린 물건이래.
응, 엄마한테 전해 드릴게.
뭐?
이슬이랑 산이네는 가족끼리도 엄청 친한 사이 같더라.
그러다 둘이 나중에 결혼이라도 하는 거 아니야?
뭐?
산이랑 이슬이가 집안끼리도 친해서 정략결혼 하기로 했대.
정말? 두 집 다 재벌인가?
뭐?
너랑 산이가 재벌이라서 둘이 정략결혼 했다며?
그런 유언비어는 대체 어디서 들었어?

사자성어 읽고 따라 쓰기 소리 내어 읽으며 예쁘게 따라 쓰세요.

유 언 비 어 流 言 蜚 語

뜻 채우고 따라 쓰기 소리 내어 읽으며 또박또박 따라 쓰세요.

아 무 ☐☐ 없 이 여 기 저 기 퍼 진 ☐☐.

95 동문서답 東問西答

동녘 동 물을 문 서녘 서 대답할 답

뜻 물음과는 상관없는 엉뚱한 대답.

만화 읽고 사자성어 배우기

돈가스가 참 맛있네요.
분위기도 좋고, 음악도 참 좋아요.
이건 무슨 곡일까요? 정말 좋다~
에이, 그것도 몰라요?
당신은 알아요?
당연히 돼지고기죠. 돈가스잖아요!
웬 동문서답? 고기가 아니라 곡이요!

사자성어 읽고 따라 쓰기 소리 내어 읽으며 예쁘게 따라 쓰세요.

동	문	서	답

東	問	西	答

뜻 채우고 따라 쓰기 소리 내어 읽으며 또박또박 따라 쓰세요.

물음과는 ☐☐ 없는 ☐☐ ☐ 대답.

96 호사다마 好事多魔

좋을 호 일 사 많을 다 마귀 마

뜻 좋은 일에는 흔히 방해되는 일이 많이 생긴다.

만화 읽고 사자성어 배우기

얘들아, 간식 먹어라~
네~
그리고 이번 달 용돈!
어마마마 감사합니다!
간식도 맛있고, 용돈도 좋지?
네~
그럼 이제 성적표 좀 볼까?
호사다마라더니….

사자성어 읽고 따라 쓰기 소리 내어 읽으며 예쁘게 따라 쓰세요.

호	사	다	마

好	事	多	魔

뜻 채우고 따라 쓰기 소리 내어 읽으며 또박또박 따라 쓰세요.

			일	에	는		흔	히			
되	는		일	이		많	이		생	긴	다.

97 선견지명 先見之明

먼저 **선** 볼 **견** 어조사 **지** 밝을 **명**

뜻 어떤 일이 일어나기 전에 미리 앞을 내다보고 아는 지혜.

만화 읽고 사자성어 배우기

동생아, 나한테는 선견지명이 있단다.
뭐라고?
곧 너에게 슬픈 일이 닥칠 거야.
그게 무슨 소리야?
그나저나 내 과자 못 봤어?
슬픈 일이 생긴댔잖아.
그러니까 오빠가 먹었단 말이지?!
깔 깔깔

사자성어 읽고 따라 쓰기 소리 내어 읽으며 예쁘게 따라 쓰세요.

선	견	지	명

先	見	之	明

뜻 채우고 따라 쓰기 소리 내어 읽으며 또박또박 따라 쓰세요.

어떤 일이 ____ 전에 미리 __을 내다보고 아는 지혜.

98 중구난방 衆口難防

무리 중 입 구 어려울 난 막을 방

뜻 막기 힘들 정도로 여러 사람이 마구 지껄이다.

만화 읽고 사자성어 배우기

여러분, 궁금한 점이 있으면 자유롭게 물어보세요.
체험 학습 언제 가요?
체육 수업은 언제 해요?
첫사랑이 누구예요?
짝은 언제 바꿔요?
중구난방으로 말하지 말고 가장 궁금한 것 하나만 물어보세요.
선생님, 수업 언제 끝나요?
어이쿠

사자성어 읽고 따라 쓰기 소리 내어 읽으며 예쁘게 따라 쓰세요.

중 구 난 방 衆 口 難 防

뜻 채우고 따라 쓰기 소리 내어 읽으며 또박또박 따라 쓰세요.

막기 □□ 정도로 여러

사람이 □□ 지껄이다.

99 점입가경 漸入佳境

차차 점 들 입 아름다울 가 지경 경

뜻 시간이 지날수록 하는 짓이나 몰골이 더욱 꼴불견이다.

만화 읽고 사자성어 배우기

우리 헤어져요. 사실 저에게는 아들이 있어요.
헉!
아이 아빠는 바로 당신의 형이에요!
뭐?
그리고 당신 형은 사실 당신의 친아빠예요.
뭐어?
게다가 난 불치병에 걸리고 말았어요.
흑!
에잇!! 드라마 내용이 점입가경이구먼!

사자성어 읽고 따라 쓰기 소리 내어 읽으며 예쁘게 따라 쓰세요.

점	입	가	경	漸	入	佳	境

뜻 채우고 따라 쓰기 소리 내어 읽으며 또박또박 따라 쓰세요.

시	간	이		지	날	수	록		하	는	
짓	이	나				이		더	욱		
		이	다	.							

100 청천벽력 靑天霹靂

푸를 청 하늘 천 벼락 벽 벼락 력

뜻 뜻밖에 일어난 큰 사고나 사건.

만화 읽고 사자성어 배우기

어휴, 더워! 샤워 좀 해야겠다.
헥 헥
딩동댕동~
상수도관 고장으로 물이 나오지 않습니다.
이게 무슨 청천벽력 같은 소리야!
수건으로 겨우 닦았네.
딩동댕동~
상수도관 공사가 끝났습니다. 이제 물을 쓰실 수 있습니다~
흑흑…

사자성어 읽고 따라 쓰기 소리 내어 읽으며 예쁘게 따라 쓰세요.

청 천 벽 력 靑 天 霹 靂

뜻 채우고 따라 쓰기 소리 내어 읽으며 또박또박 따라 쓰세요.

□□□ 일어난 큰 □□ 나 사건.

복습 퀴즈 1

다음 사다리를 타고 내려가 나온 상황이 사자성어의 뜻과 맞으면 O표, 맞지 않으면 X표 하세요.

견원지간 | 고진감래 | 사면초가 | 사리사욕

야! 회장이라고
네 욕심만 채우면
어떡해?
조금만 더 가면 정상에서
인생 샷을 찍을 수 있어.
덜덜덜
걔들은 만나기만
하면 싸우네.
널
체포하겠다!
큭, 더는 도망칠
곳이 없나…

복습 퀴즈 2

다음 빈칸에 들어갈 알맞은 말을 골라 사자성어 뜻풀이를 완성해 보세요.

사필귀정

모든 일은 반드시 [   ] 돌아간다.

①바른길로 ②원래대로

금의환향

[   ]하여 고향에 돌아오다.

①몰락 ②출세

청출어람

제자나 후배가 스승이나 선배보다 [   ]을 비유하는 말.

①못함 ②나음

천고마비

하늘이 높푸르고 먹을 것이 풍부한 [   ]을 이르는 말.

①가을철 ②여름철

산전수전

세상의 온갖 [   ] 일을 다 겪었음을 이르는 말.

①어려운 ②즐거운

일취월장

나날이 다달이 [   ]하다.

①발전 ②쇠퇴

복습 퀴즈 3

아래의 뜻풀이 열쇠와 초성 힌트를 잘 읽고, 빈칸에 알맞은 사자성어를 써 보세요.

가로 열쇠

①찾아오는 사람이 많아 집 앞이 시장처럼 북적대다. 초성 힌트: ㅁㅈㅅㅅ

②자기가 한 말과 행동에 자기 자신이 얽매이다. 초성 힌트: ㅈㅅㅈㅂ

③마음과 마음으로 서로 뜻이 통하다. 초성 힌트: ㅇㅅㅈㅅ

세로 열쇠

① 몹시 두려워서 덜덜 떨며 조심하다. 초성 힌트: ㅈㅈㄱㄱ

②남의 것을 빼앗기 위해 형세를 살피며 기회를 엿보다. 초성 힌트: ㅎㅅㅌㅌ

③자기가 한 일을 스스로 부족하게 여기는 마음. 초성 힌트: ㅈㄱㅈㅅ

복습 퀴즈 4

다음 문제를 잘 읽어 보고, 정답을 말하는 친구를 골라 네모 칸에 O표 하세요.

① '유비무환(有備無患)'에서 '유(有)'는 어떤 뜻일까요?

'부족하다'라는 뜻이야.
'있다'라는 뜻이야.

② '인지상정'에서 쓰인 '인'은 어떤 한자일까요?

仁 '어질 인'이라는 한자야.
人 '사람 인'이라는 한자야.

③ '십중팔구'와 '중구난방'의 '중'은 같은 한자인가요?

맞아! 둘 다 '가운데 중(中)'을 사용해.
아니야! 십중팔구는 '가운데 중(中)'을 쓰고, 중구난방은 '무리 중(衆)'을 써.

④ '호사다마(好事多魔)'는 어떤 뜻을 가지고 있나요?

좋은 일에는 흔히 방해되는 일이 많이 생긴다는 뜻이야.
나쁜 일 뒤에는 반드시 좋은 일이 생긴다는 뜻이야.

☆그래서 이런 말이 생겼대요☆

고사성어+사자성어 따라쓰기 100

초판 1쇄 발행 2026년 1월 6일

구성 길벗교육콘텐츠연구소 | **그림** 이경석, 송진욱

발행인 이종원 | **발행처** (주)길벗스쿨 | **출판사 등록일** 2025년 5월 28일

주소 서울시 마포구 월드컵로 10길 56(서교동) | **대표전화** 02)332-0931 | **팩스** 02)322-3895

홈페이지 school.gilbut.co.kr | **이메일** gilbut@gilbut.co.kr

기획 및 책임편집 김언수, 김진영 | **제작** 이준호, 손일순, 이진혁 | **마케팅** 양정길, 지하영, 김령희

영업유통 진창섭 | **영업관리** 정경화 | **독자지원** 윤정아

CTP출력 및 인쇄 교보피앤비 | **제본** 신정문화사

디자인 양×호랭 DESIGN

ISBN 979-11-7467-086-1(73710) (길벗스쿨 도서번호 200492)

제품명 : 고사성어+사자성어 따라쓰기 100
제조사명 : (주)길벗스쿨
제조국명 : 대한민국
사용연령 : 8세 이상
주소 : 서울시 마포구 월드컵로 10길 56(서교동)
전화번호 : 02-332-0931
제조년월 : 판권에 별도 표기
KC마크는 이 제품이 공통안전기준에 적합하였음을 의미합니다.